BULL TERRIER

KYNOS VERLAG MÜRLENBACH

BULL TERRIER

Dr. Dieter Fleig
Zeichnungen: Cynthia Lord-Ruddy

INHALTSVERZEICHNIS

Titelfoto:
Markus Grossmann, Ch. Double Dutch of Pitmans

Vorsatz & Nachsatz:
Summer Breeze & Sunbath, Zeichnungen: Cynthia Lord-Ruddy

IMPRESSUM

© KYNOS VERLAG Dr. Dieter Fleig GmbH
Am Remelsbach 30   D-54570 Mürlenbach / Eifel
Telefon 06594 - 653   Telefax 06594 - 452

2. Auflage 1996

ISBN-Nr.: 3-924008-80-9

Gesamtausführung: Druckerei Anders, Prüm / Eifel

Abb. 1: Das Traumbild eines Bull Terriers. Ölgemälde von Renaud Ditte nach einem Foto von Ch. Jobrulu Jacobinia.

ZUM GELEIT

Mein erstes Bull Terrier-Buch entstand im Jahre 1970 - zu einer Zeit, da diese Hunderasse in unseren deutschsprachigen Ländern den Hundefreunden noch recht wenig vertraut war. Mein Buch trug den Untertitel **„Das Portrait einer faszinierenden Hunderasse"**! Und diese Faszination hat mich bis zum heutigen Tage nicht losgelassen, ist auf zahlreiche Hundeliebhaber übergesprungen. 1970 wurden in Deutschland 129 Welpen geboren, 1980 waren es 507, 1989 bereits 1.039.

Es gibt kaum eine größere Gefahr für eine Hunderasse als steil ansteigende Popularität. Sie lockt die falschen Käufer, regt vermehrt zur „Zucht" an - um eine schnelle Mark zu machen. In den rassebetreuenden Vereinen werden gleichfalls Umschichtungen ausgelöst, welche die Wandlung der Mitgliedschaft spiegeln.

Der Bull Terrier gehört zu den Hunderassen, die am häufigsten verkannt, am intensivsten mißbraucht wurden - sehr zum Schaden ihres Ansehens. Bull Terrier müssen heute aktiv vor den falschen Menschen geschützt werden!

Mit ausdrücklichem Einverständnis darf ich an dieser Stelle die Kieler Verhaltensforscherin Dr. Dorit Feddersen-Petersen aus ihrem Beitrag **„Warum ich mir als nächsten Hund einen Bull Terrier wünsche ..."** zitieren:

„Ich habe mit vielen Bullies Freundschaft geschlossen, liebe ihre Individualität, die Art, wie sie Menschen gegenüber Zuneigung ausdrücken - und deren Intensität. Weiter gefallen mir die Robustheit und die Ausdauer der Hunde - im Spiel wie auf ausgedehnten Spaziergängen mit ihren Leuten. Besonders aber imponieren mir das ‚Koboldhafte' am Bull Terrier-Verhalten und die so ausgeprägte Anpassungsfähigkeit an Menschenkumpane, auf deren Eigenarten Bullies geradezu imitatorisch einzugehen vermögen. Und ein Kauz bin ich auch - also der Hund für mich!

Schließlich habe ich einen ausgeprägten Gerechtigkeitssinn, der mich immer wieder zur Solidarisierung mit Diskriminierten treibt, und ich möchte den Uneinsichtigen unter unseren Mitmenschen zeigen, was ich sowieso weiß: daß Bullies liebenswerte Hunde sind, wenn man sie entsprechend aufwachsen läßt und behandelt. Mein Bull Terrier wird ganz sicher sozial verträglich sein - gegenüber Artgenossen und Menschen."

Das Thema meines Buches lautet: **Bull Terrier - wie sie wirklich sind, ... - sein sollen!** Damit schreibe ich bereits mein viertes Buch - nur über den Bull Terrier. Ob es überhaupt noch etwas Neues zu sagen gibt?

Seit dem Jahre 1958 begleiten mich ohne Unterbrechung ein oder mehrere Bull Terrier. Das sind nunmehr 34 Jahre. Manche Dinge habe ich in meinen vorangegangenen Büchern aus einer anderen Perspektive gesehen, mit den hoffentlich entschuldbaren Augen des begeisterten Rasseanhängers. Ich gehöre zu den Menschen, die aus Erfahrungen zu lernen vermögen, Althergebrachtes neu bedenken, auch zugeben, daß sie sich in der einen oder anderen Frage geirrt haben. Ich bin zutiefst erschrocken, wie verantwortungslose und fehlgeleitete Menschen aus Eigennutz oder Nichtnachdenken eine Hunderasse schädigen können - möchte mit diesem Buch einen Beitrag zur neuen Standortbestimmung und zur Umkehr leisten.

Sorge um eine außergewöhnlich liebenswerte Hunderasse, um einen einmaligen Hundecharakter bilden den Hintergrund dieses Buches. Möge es auch andere zum Nachdenken anregen, insbesondere aber allen neuen Liebhabern dieser faszinierenden Hunderasse den richtigen Weg zum Umgang mit ihrem Lebensgefährten weisen.

Mürlenbach, im November 1992

Dieter Fleig

Abb. 2: Der wahre Charakter des Bull Terriers.

Foto: W. Bergerhausen.

Kapitel Eins

ENTSTEHUNGS-GESCHICHTE DER RASSE

Mißbrauch der Hunde zu Tierkämpfen
James Hinks, der Vater des Bull Terriers
Fortentwicklung der Rasse zum Ausstellungshund
Farbige Bull Terrier
Bull Terrier in aller Welt

Abb. 3: Bull Terrier 1880, Ölgemälde Euphémie Muraton.

Alle Hunderassen der Welt sind dadurch entstanden, daß der Mensch eine Auswahl traf, um den für eine ganz bestimmte Aufgabe optimal ausgestatteten Hund zu züchten. Wohlgemerkt, diese Auswahl erfolgte in den letzten Jahrhunderten primär auf erwartete Arbeitsleistung, nur in den wenigsten Fällen auf Schönheit. Aber - die angestrebten Arbeitsleistungen erforderten in aller Regel auch gewisse anatomische und charakterliche Gemeinsamkeiten, um sie optimal zu erbringen. Leider wird immer wieder übersehen, daß fast alle Hunderassen ursprünglich für vom Menschen gestellte Aufgaben gezüchtet wurden. Diese muß man kennen, um Charakter und Anatomie zu verstehen. Denken Sie an Hütehunde, Jagdhunde, Zughunde, Treiberhunde, Windhunde, Schlittenhunde - immer war die gestellte Aufgabe Maßstab für die charakterlichen wie anatomischen Anforderungen.

Mißbrauch der Hunde zu Tierkämpfen

Unsere Bull Terrier hatten in ihrer züchterischen Entstehung einen schwierigen Start, die ihnen zugewiesene Aufgabe war der Kampf Hund gegen Hund in der Pit, einer Kampfarena ähnlich dem heutigen Boxring. Die Rasse entstand im Zeitalter des englischen Frühkapitalismus, einem Zeitraum, da Ausbeutung der menschlichen Arbeitskraft, Kinderarbeit unter Tage, 16-Stunden-Tage der Hausfrauen und Mütter gesellschaftliche Selbstverständlichkeit waren. Natürlich unterlagen auch Haustiere dem Gesetz der Ausbeutung, der Tierschutz hatte es sehr schwer!

„Panem et circenses" - „**Brot und Spiele**", dieses Regierungsrezept zur Besänftigung der Massen kannten schon die römischen Herrscher. Dem unterdrückten Volke gewährte man als Ausgleich für seine Leiden einige Volksbelustigungen. Im alten England - aber nicht nur da - waren grausame Tierkämpfe das Ventil, das Dampf abließ, das Volk seinen Unterdrückern gegenüber ruhig hielt.

Bullen, Bären, Löwen, Dachse, Affen - sie alle wurden den gnadenlosen Angriffen wild gemachter Hunde ausgesetzt, von großer Attraktion waren die Kämpfe Hund gegen Hund. Wenn sie etwas von der Grausamkeit, von der Brutalität dieser Tierkämpfe erahnen wollen, besuchen Sie in Spanien einen Stierkampf oder in Südamerika Hahnenkämpfe.

Diese menschlichen Entartungen erwähne ich nicht, weil ich sie in irgendeiner Weise billige, sondern weil sie an der Wiege unserer Bull Terrier eine bedeutende Rolle spielten, die ursprüngliche Aufgabe der Rasse tatsächlich der Kampf Hund gegen Hund war.

James Hinks, der Vater des Bull Terriers

Die Ausgangsrassen, aus denen der Züchter **James Hinks** in Birmingham, mitten im Black Country, im Lande der Hochöfen und Stahlkocher, den Bull Terrier züchtete, waren die kampferprobte Englische Bulldogge (Abb. 4) und der elegante White English Terrier (Abb. 5). Diese zwei Hunderassen weisen beträchtliche anatomische Unterschiede auf, auf der einen Seite der schwergewichtige, plumpe

Abb. 4:

Englische Bulldogge, Ölgemälde von J. T. Tuite, 1830.

Abb. 5:

White English Terrier, Ölgemälde von E. Irsfeld, 1873.

Bulldog mit ausgeprägtem Vorbiß, auf der anderen der schlanke, schnittige Terrier. Hier liegt die Wurzel für viele spätere Zuchtprobleme auf standardgerechte Gebißstellung, aber auch anatomisch einheitlichen Rassetyp. Noch heute unterscheidet man in der Rasse zwischen Bulldog-Typ und Terrier-Typ. Aber nicht nur anatomische Gegensätze gab es bei diesen zwei Rassen, sondern insbesondere auch im Charakter der Hunde. Ziel von James Hinks war es, den Schneid des Terriers als Raubzeugvernichter mit dem Mut, der Ausdauer und Hartnäckigkeit des in Tierkämpfen erfahrenen Bulldogs zu verbinden. Das schien für einen erfolgreichen Kampf Hund gegen Hund die Idealkombination. Es ist anzuerkennen, daß in der Bull Terrier-Zucht im Hinblick auf den Charakter der Hunde ein sehr viel einheitlicheres Ergebnis erzielt wurde. Der Bull Terrier zeichnet sich durch eine hohe Reizschwelle (abweichend von den übrigen Terrier-Rassen) sowie Freundlichkeit Menschen gegenüber aus, verfügt aber über Schneid und Ausdauer, wenn er wirklich feindlich herausgefordert wird.

Der in der Pit erfolgreiche Kämpfer, bei gleichzeitiger großer Freundlichkeit Menschen gegenüber, war das Zuchtziel von James Hinks. Seine Zucht, die im letzten Jahrhundert auf weiße Tiere beschränkt blieb, erwies sich den im Hundekampf eingesetzten Stafford-Typen als überlegen. Der Siegeszug des Bull Terriers durch die Pit, den Schauplatz der Kämpfe, begann. Unsere Abbildung drei am Kapitelanfang zeigt einen frühen Bull Terrier-Typ nach einem Gemälde von Euphémie Muraton aus dem Jahre 1880. Erstaunlich, daß diese Zuchthündin schon ein natürliches Stehohr zeigt.

Fortentwicklung der Rasse zum Ausstellungshund

Eine ganz wichtige Anmerkung! James Hinks präsentierte seine Zucht von Anfang an auf Hundeausstellungen. So zählt der Bull Terrier zu den Hunderassen, die bereits auf den ersten englischen Ausstellungen in Konkurrenz zu den anderen Rassen traten, auf eine dem Rassestandard entsprechende äußere Form planmäßig gezüchtet wurden. Es ist nicht zu leugnen, die Wiege der Rasse stand in der Pit, aber sehr früh bemühten sich die Züchter darum, nicht nur die mit der Zucht der Rasse angestrebte Aufgabe zu erfüllen, sondern auch einen attraktiven, formschönen Ausstellungshund zu schaffen. Aus dem **Gladiator** wurde der **weiße Kavalier!** Dies ist ein wesentlicher Unterschied gegenüber den Staffordshire Bull Terriern, die erst in den 30er Jahren ihren Weg in den Ausstellungsring fanden.

Über die Jahre wurde die Bull Terrier-Zucht immer mehr auf die Schaffung eines selbstbewußten, sich harmonisch in das menschliche Alltagsleben einfügenden Hundes ausgerichtet. Die ursprüngliche Kampfeslust wurde systematisch züchterisch eingedämmt, wobei man sich aber darum bemühte, das Selbstbewußtsein der Hunde zu erhalten.

Farbige Bull Terrier

Vorübergehend entstanden große Probleme, als man aufgrund des englischen Kupierverbotes den Weg zum natürlichen Stehohr finden mußte. Viel Aufregung gab es, als weitsichtige Züchter Anfang dieses Jahrhunderts Staffords in die weißen Linien einkreuzten, um einen farbigen Bull Terrier zu erzielen. Über die Jahre gelangen beide Versuche, die Qualität der Weißen und Farbigen ist heute so durchgezüchtet, daß ein gemeinsames hohes Qualitätsniveau erreicht wurde, keinerlei Trennlinien mehr bestehen.

Dank überragender Züchterpersönlichkeiten, an ihrer Spitze Raymond Oppenheimer, der Schöpfer des modernen Bull Terriers (Abb. 6), wurde die Rasse anatomisch immer weiter entwickelt, fand weltweit im Kreise der Hundezüchter Anerkennung. Das Qualitätsniveau wurde so vollendet, daß im Jahre 1972 der Bull Terrier Ch. Abraxas Audacity die Crufts, Englands bedeutendste Hundeausstellung, gewann, **Crufts Supreme Champion** wurde. Damit zog die Rasse endgültig ins Oberhaus der internationalen Hundehierarchie ein.

Abb. 6: Raymond Oppenheimer, der Schöpfer des modernen Bull Terriers.   *Foto: Dr. Fleig.*

Etwa zwischen 1960 und 1980 erreichte die englische Bull Terrier-Zucht eine ganz besondere Blütezeit. Herausragend in der Zucht farbiger Bull Terrier war der Zwinger Romany, das züchterische Geschick von Montague Johnstone machte die Farbigen den Weißen ebenbürtig. Unsere Abb. 7 erinnert an drei Große der Weißzucht, Raymond Oppenheimer (Ormandy), Eva Weatherill (Souperlative) und Margaret O. Sweeten (Agate's).

Bull Terrier in aller Welt

Natürlich umfaßt die Entstehungsgeschichte der Rasse auch die Zucht in zahlreichen anderen Ländern. Bereits im Jahre 1887 treffen wir in Deutschland auf der ersten Hundeausstellung in Stuttgart zwanzig Bull Terrier im Ring. Die jährlichen Zuchtzahlen lagen aber recht niedrig, viele Jahre gab es überhaupt keine Eintragungen, man kann nur

Abb. 7:
Raymond Oppenheimer, Eva Weatherill, Margaret O. Sweeten - drei der ganz großen englischen Züchter. Foto: Dr. Fleig.

von einer „Gelegenheitszucht" sprechen. Selbst in den 60er Jahren dieses Jahrhunderts lagen die jährlichen Eintragungen weit unter einhundert Welpen. Die 70er und 80er Jahre brachten den Durchbruch der Rasse, der Bull Terrier ist heute in unserem Lande recht populär geworden. So steht er 1989 auf Rang sechzehn von insgesamt 176 vom Verband für das Deutsche Hundewesen e.V. (VDH) erfaßten Einzelrassen.

In Österreich, Holland und in der Schweiz hat der Bull Terrier gleichfalls viel an Popularität gewonnen, gibt es Züchter, welche die Zucht auf dem Kontinent maßgebend beeinflußen. Die USA und Kanada werden von vielen Fachleuten heute in ihrer Bull Terrier-Zucht als zumindest gleichwertig mit England angesehen. In den USA ist die Rasse bereits 1869 geschichtlich nachgewiesen. Besonderer Popularität erfreuen sich Bull Terrier in Südafrika, mit der Anzahl von über 3.000 jährlich gezüchteten Welpen übertrifft dieses Land alle anderen!

In rund 130 Jahren Rassegeschichte hat der Bull Terrier weltweit eine führende Position unter den Hunderassen eingenommen, zählt wahrscheinlich zu den **Top-Zwanzig** unter allen Hunderassen. Seinen Freunden bietet er eine Fülle an positiven Eigenschaften. Er gehört zu den angenehmsten, pflegeleichtesten Hunden. Worauf es heute bei dieser Hunderasse besonders ankommt, das versucht dieses Buch im einzelnen darzustellen.

Abb. 8: Erster Ausflug.   Foto: *G. Michel.*

Kapitel Zwei

RASSE-
STANDARD

Was ist ein Rassestandard?
Original Standard in englischer Sprache
Übersetzung englischer Standard
Standarderläuterungen
Miniature Bull Terrier

Erläuterung Zeichnung 1: *Sehr typischer Rüdenkopf mit guter
Ausfüllung und rassetypischem Ausdruck. Es stört einzig und
alleine die zu reiche Belefzung.*

Was ist ein Rassestandard?

Bitte, liebe Leser, überschlagen Sie dieses Kapitel nicht! Ich weiß, Standardformulierungen sind keine einfache Lektüre, man muß sie trotzdem lesen - und verstehen!

In einem Rassestandard werden alle die Forderungen formuliert, die ein Spitzenexemplar der Rasse erfüllen muß, um auf Ausstellungen zu bestehen, den Siegertitel zu erringen. Alles das, was eine Hunderasse ausmacht, Anatomie, Charakter, Gewicht, Haarkleid, Bewegungsablauf ... sind im Standard verankert. Gute Standards zeichnen sich dadurch aus, daß an erster Stelle die Leistungsfähigkeit des Hundes steht, an zweiter die Gesundheit, und daß insbesondere das erwünschte Wesen genau beschrieben wird.

Sie wollen mit Ihrem Hund auf keine Hundeausstellung? Lesen Sie trotzdem dieses Kapitel, auch wenn Sie nur ganz für sich, für Ihre Familie einen Hund kaufen. Denn im Grundsatz beschreibt ein guter Standard den Idealhund, von dem auch Ihr Hausgenosse möglichst viel haben sollte. Zugegeben, wir alle sind keine Schönheiten - und stehen dennoch (meist) im Alltag unseren Mann (Frau). Aber körperliche wie geistige Gesundheit sind wertvolle Eigenschaften, machen den Lebenskampf leichter.

Ja, ich gebe durchaus zu, eine ganze Reihe von Standardformulierungen erscheinen dem Laien übertrieben, verführen zuweilen auch zu züchterischen Übertreibungen. Das werden wir bei den Standarderläuterungen noch im einzelnen sehen. Lesen Sie das ganze Kapitel, betrachten Sie die Zeichnungen von Cynthia Lord-Ruddy, die mir ganz besonders geglückt scheinen. Sie wissen danach sehr viel genauer, was ein wirklich guter Bull Terrier ist.

Ursprungsland des Bull Terriers ist England. Nach internationalem Zuchtrecht liegt die Standardhoheit der Hunderasse immer beim Mutterland; der verbindliche Rassestandard für den Bull Terrier wird damit vom Kennel Club England festgelegt. Die eine oder andere Formulierung in der Standardübersetzung mag immer etwas umstritten sein, verbindlich ist der Text des Ursprungsstandards. Dies ist auch der Grund, weshalb wir englischen Standard und Übersetzung beide in das Buch aufnehmen. Ich habe mich bemüht, meine Übersetzung so nahe wie möglich am englischen Standard zu halten.

Englischer Standard des Bull Terriers

Letzte Revision 01.07.1986

GENERAL APPEARANCE. - Strongly built, muscular, well balanced and active with a keen, determined and intelligent expression.
CHARACTERISTICS. - The Bull Terrier is the gladiator of the canine race, full of fire and courageous. A unique feature is a downfaced, eggshaped head. Irrespective of size dogs should look masculine and bitches feminine.
TEMPERAMENT. - Of even temperament and amenable to discipline. Although obstinate is particularly good with people.
HEAD AND SKULL. - Head long, strong and deep right to end of muzzle, but not coarse. Viewed from front eggshaped and completely filled, its surface

Zeichnung 2:
Bull Terrier-Rüde mit sehr guten Körperproportionen. Schöner Schädel, gut ausgefüllt, ohne übertriebenes „Downface", sehr gute Ohren, vorzügliches Auge. Schöne Halspartie, erstklassige Rückenlinie. Geschlossene Front, Körper sehr gut bemuskelt, sehr gute Winkelung, gute Knochen und Pfoten.

free from hollows or identations. Top of skull almost flat from ear to ear. Profile curves gently downwards from top of skull to tip of nose which should be black and bent downwards at tip. Nostrils well developed and underjaw deep and strong.

MOUTH. - Teeth sound, clean, strong, of good size, regular with a perfect regular and complete scissor bite, i.e. upper teeth closely overlapping lower teeth and set square to the jaws. Lips clean and tight.

EYES. - Appearing narrow, obliquely placed and triangular, well sunken, black or as dark brown as possible so as to appear almost black, and with a piercing glint. Distance from tip of nose to eyes perceptibly greater than that from eyes to top of skull. Blue or partly blue undesirable.

EARS. - Small, thin and placed close together. Dog should be able to hold them stiffly erect, when they point straight upwards.

NECK. - Very muscular, long, arched, tapering from shoulders to head and free from loose skin.

FOREQUARTERS. - Shoulders strong and muscular without loading. Shoulder blades wide, flat and held closely to chest wall and have a very pronounced backward slope of front edge from bottom to top, forming almost a right angle with upper arm. Elbows held straight and strong, pasterns upright. Forelegs have strongest type of round, quality bone, dog should stand solidly upon them and

Zeichnung 3: Sehr gute, breite Front. Sehr schöner Kopf, erstklassige Augen, unter den Augen gut ausgefüllt. Gute Ohrenhaltung. Kräftige, gerade Knochen, schöne, geschlossene Pfoten.

Zeichnung 4: Schlechte Front mit gebogenen Läufen und französischem Stand. Mangelhafter Kopf mit breitem Ohransatz, weiche Ohren, Stirn-furche, unter den Augen eingefallen, kurzer, untypischer Hals.

they should be perfectly parallel. In mature dogs length of foreleg should be approximately equal to depth of chest.

BODY. - Body well rounded with marked spring of rib and great depth from withers to brisket, so that latter nearer ground than belly. Back short, strong with backline behind withers level, arching or roaching slightly over broad, well musceld loins. Underline from brisket to belly forms a graceful upward curve. Chest broad when viewed from front.

HINDQUARTERS. - Hindlegs in parallel when viewed from behind. Thighs muscular and second thighs well developed. Stifle joint well bent and hock well angulated with bone to foot short and strong.

FEET. - Round and compact with well arched toes.

TAIL. - Short, set on low and carried horizontally. Thick at root, it tapers to a fine point.

GAIT/MOVEMENT. - When moving appears well knit, smoothly covering ground with free, easy strides and with a typical jaunty air. When trotting, movement parallel, front and back; only converging towards centre line at faster speeds, forelegs reaching out well and hindlegs moving smoothly at hip, flexing well at stifle and hock, with great thrust.

COAT. - Short, flat, even and harsh to touch with a fine gloss. Skin fitting dog tightly. A soft textured undercoat may be present in winter.

COLOUR. - For white, pure white coat. Skin pigmentation and markings on head not to be penalised. For coloured, colour predominates; all other things being equal, brindle preferred. Black brindle, red, fawn and tricolour acceptable. Tick markings in white coat undesirable. Blue and liver highly undesirable.

SIZE. - There are neither weight nor height limits, but there should be the impression of maximum substance for size of dog, consistent with quality and sex.

FAULTS. - Any departure from the foregoing points should be considered a fault and the seriousness with which the fault should be regarded should be in exact proportion to its degree.

NOTE. - Male animals should have two apparently normal testicles fully descended into the scrotum.

Deutsche Übersetzung
Standard des Bull Terriers

Übersetzung Dr. D. Fleig

ALLGEMEINE ERSCHEINUNG. - Kräftig aufgebaut, muskulös, anatomisch gut ausgewogen und aktiv, mit lebhaftem, entschlossenem und intelligentem Ausdruck.

CHARAKTERISTISCHE MERKMALE. - Der Bull Terrier ist der Gladiator unter den Hunderassen, voll Feuer und Mut. Ein einzigartiges Rassemerkmal ist der Schädel, eiförmig mit Downface. Unabhängig von der Größe müssen Rüden rüdenhaftes, Hündinnen hündinnenhaftes Gepräge haben.

WESEN. - Von ausgeglichenem Wesen mit Bereitschaft zur Unterordnung. Obwohl die Rasse eigenwillig ist, ist sie doch Menschen gegenüber besonders freundlich.

KOPF UND SCHÄDEL. - Kopf lang, kräftig und bis zum Ende des Fangs tief, ohne dabei grob zu wirken. Von vorne gesehen eiförmig, völlig ausgefüllt, Oberfläche frei von Einbuchtungen oder Vertiefungen. Oberkopf von Ohr zu Ohr nahezu flach. Das Profil verläuft in sanftem Bogen vom Oberkopf bis zur Nasenspitze. Nasenspitze schwarz, am unteren Ende leicht abwärts gebogen. Nasenlöcher gut ausgeprägt, Unterkiefer breit und kräftig.

FANG. - Zähne gesund, sauber, kräftig, von guter Größe, gleichmäßig gestellt. Mit perfektem, regelmäßigem und komplettem Scherengebiß, bei dem die obere Zahnreihe die untere eng überlappt, im rechten Winkel zum Kiefer stehend. Lefzen glatt und eng anliegend.

AUGEN. - Schmal wirkend, schräg eingesetzt, Dreiecksform, tief liegend, schwarz oder so dunkelbraun wie möglich, fast schwarz wirkend und von durchdringendem Feuer. Abstand von der Nasenspitze zum Auge deutlich größer als vom Auge zur Mitte des Oberkopfs. Blaue oder teilweise blaue Augen unerwünscht.

OHREN. - Klein, dünn, eng beisammenstehend. Der Hund sollte fähig sein, sie steif aufrecht zu tragen, dabei sollten sie senkrecht stehen.

HALS. - Sehr muskulös, lang, gebogen, von den Schultern zum Kopf hin schmaler werdend, frei von loser Kehlhaut.

VORHAND. - Schultern kräftig und muskulös, ohne dabei überladen zu wirken. Schulterblätter breit, flach, eng am Brustkorb anliegend. Schulterblatt sehr betont rückwärts gelagert, es bildet dabei mit dem Oberarm nahezu einen rechten Winkel. Ellenbogen eng anliegend, starker aufrecht gestellter Vordermittelfuß. Die Vorderläufe außerordentlich kräftig mit runden, starken Knochen. Der Hund steht fest auf beiden Vorderläufen, die völlig parallel stehen. Beim ausgewachsenen Hund sollte die Länge der Vorderläufe etwa gleich der Brusttiefe sein.

KÖRPER. - Rumpf wohl gerundet mit ausgeprägter Rippenwölbung und großer Brusttiefe, so daß das Brustbein näher zum Erdboden als die Bauchpartie steht. Kurzer Rücken, kräftige Rückenlinie, hinter dem Widerrist zunächst eben, dann über breite, stark bemuskelte Lendenpartie geringfügig aufgewölbt. Die untere Linie bildet vom Brustbein bis zum Bauch eine elegante, nach oben verlaufende Kurve. Von vorn gesehen breiter Brustkorb.

HINTERHAND. - Von hinten gesehen stehen die Hinterläufe parallel. Oberschenkel gut bemuskelt, Unterschenkel stark ausgeprägt. Knie und Sprunggelenk gut gewinkelt, Hintermittelfuß kurz und kräftig.

PFOTEN. - Rund, kompakt mit gut aufgeknöchelten Zehen.

RUTE. - Kurz, tief angesetzt, horizontal getragen. An der Wurzel dick, verjüngt sie sich zu einer dünnen Spitze.

BEWEGUNG/GANGWERK. - In der Bewegung erscheint der Hund in sich gut geschlossen, er überwindet den Boden mit freien, leichten Schritten und mit einer für die Rasse typischen munteren Leichtigkeit. Im Trab erfolgt die Bewegung - von vorn und hinten gesehen - parallel. Nur in schnellerer Bewegung treffen die Pfoten auf einer Mittellinie zusammen. Die Vorderläufe greifen weit aus, die Hinterläufe bewegen sich geschmeidig aus der Hüfte, biegen sich stark im Knie- und Sprunggelenk und treiben mit kräftigem Schub vorwärts.

HAAR. - Kurz, glatt und gleichmäßig, es fühlt sich hart an und hat einen feinen Glanz. Das Fell liegt ringsum eng an. Im Winter kann eine weiche Unterwolle auftreten.

FARBE. - Weiße Hunde rein-weiß. Hautpigment und Kopfabzeichen dürfen nicht bestraft werden. Bei Farbigen muß die Farbe überwiegen; sind Farbige in allen Teilen gleichwertig, ist gestromt zu bevorzugen. Schwarz gestromt, rot, falb und dreifarbig zulässig. Tüpfelung in weißem Fell unerwünscht. Blau und Leberfarben sehr unerwünscht.

GRÖSSE. - Es gibt weder Gewichts- noch Größenlimits, aber in Übereinstimmung mit Gesamterscheinung und Geschlecht sollte der Eindruck eines Maximums an Substanz für die Größe des Hundes entstehen.

FEHLER. - Jede Abweichung von den vorgenannten Punkten sollte als Fehler angesehen werden, dessen Bewertung in genauem Verhältnis zu seiner Schwere stehen sollte.

ANMERKUNG. Rüden sollten zwei offensichtlich normal entwickelte Hoden aufweisen, die sich vollständig im Skrotum befinden.

Standarderläuterungen

Um es vorweg zu nehmen, der Rassestandard des Bull Terriers besticht durch Klarheit und Präzision. Gegenüber den ersten Standardformulierungen noch aus dem letzten Jahrhundert ergaben sich nur geringfügige Veränderungen, ein Beweis für die Weitsicht der ersten Züchter und die Kontinuität der Rasse. Probleme entstanden eigentlich immer nur durch die Auslegung einzelner Formulierungen, eigenwillige - oft falsche - Interpretationen der Ausstellungsrichter oder nationaler Zucht-organisationen. Nachstehende Standarderläuterungen stimmen weitgehend mit dem englischen Verständnis des Rassestandards überein.

Allgemeine Erscheinung. Kraft und starke Bemuskelung müssen immer im Einklang mit der Beweglichkeit des Hundes stehen. Der Ausdruck des Hundes spiegelt sein Wesen: Lebhaftigkeit, Selbstbewußtsein und Intelligenz.

Charakteristische Merkmale. Der Begriff **Gladiator** sollte heutzutage durch **weißer Kavalier** ersetzt werden, ist nur als Hinweis auf die Entstehungsgeschichte der Rasse zu sehen. Die eiförmige Schädelform mit Downface unterscheidet den Bull Terrier deutlich von allen anderen Hunderassen. Leider hat die Standardformulierung Anlaß zu züchterischen Übertreibungen gerade der Kopfform geführt.

Wesen. Entgegen allem Geschwätz, wonach Bull Terrier Menschen gefährden könnten, betont der Rassestandard zu Recht die Menschenfreundlichkeit und Unterordnungsbereitschaft des Bull Terriers. Züchter, welche noch immer von „ausgeprägtem Kampftrieb" faseln, sollten sich anderen Rassen zuwenden, züchten standardwidrige Hunde.

Kopf und Schädel. Leider wird in nahezu allen Hunderassen dem „Idealkopf" eine zu hohe Bedeutung beigemessen. Den Richtern ins Stammbuch: der Kopf ist nur einer von vielen Körperteilen, darf in der Beurteilung nicht übergewichtig werden. **Ein Hund läuft nicht auf dem Kopf** (Tom Horner). Der Standard beschreibt die gewünschte Kopfform sehr verständlich, es ist aber nirgends die Rede davon, unsere Bull Terrier

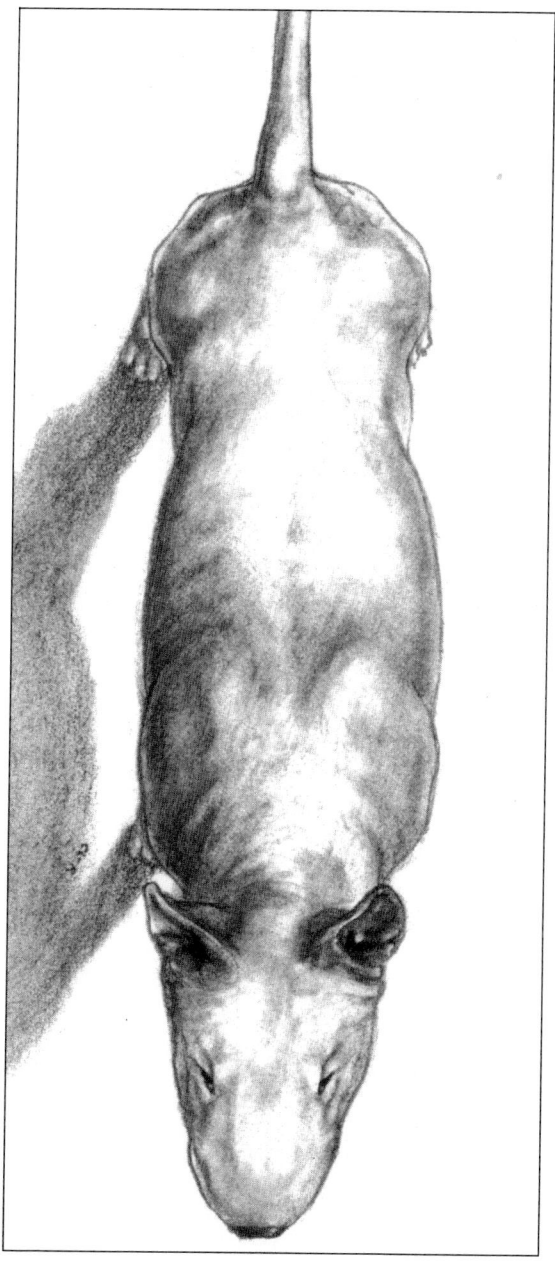

Zeichnung 5: Eine ungewöhnliche Perspektive, der Bull Terrier-
Körper von oben gesehen. Man beachte den athletischen, stark bemuskelten Körperbau, die ausgeprägte Rippenwölbung, Taillenbil-
dung im Lendenbereich. Die vom Standard gewünschte Substanz
wird durch die starke Bemuskelung erzielt.

beständen nur aus Kopf. Gesunder anatomischer Aufbau hat zumindest gleichen Stellenwert!

Fang. Die Standardforderung lautet: Scherengebiß; Vorbiß und Rückbiß sind fehlerhaft. Man achte bei der Gebißstellung nicht nur auf die Stellung der Schneidezähne, sondern auch auf die Fang- und Backenzähne. Verschiebungen der Gebißstellung zum Vor- oder Rückbiß betreffen nicht nur die Schneidezähne, sondern besonders die Stellung der Backenzähne, die durch verschobene Gegenzähne in ihrer Funktion eingeschränkt sein können. Besonders fehlerhaft ist ein zu enger Unterkiefer; dadurch beißen die unteren Fangzähne von innen in den Oberkiefer. Auch der Rückbiß darf nicht bagatellisiert werden; dabei greifen die unteren Schneidezähne in den oberen Gaumen, kann der Hund nur unter Schwierigkeiten fressen. In England versteht man das Wörtchen „complete" nur für die erforderliche Anzahl der Schneidezähne, bezieht es nicht auf die Anzahl von Prämolaren und Molaren.

Achtung, gerade in jüngerer Zeit trifft man auf immer mehr Bull Terrier mit viel zu starker Belefzung, was sehr unschön wirkt. Zu häufig stoßen wir beim Bull Terrier auf Vorbiß, ein altes

Zeichnung 6: Bewegung von vorne gesehen, Front gut geschlossen. Die Bewegung erfolgt im Trab völlig parallel.

Bulldog-Erbe. Bei der Gewichtung der Fehler sei aber betont, daß ein Hund durch mäßigen Vorbiß sehr viel weniger geschädigt ist als durch Rückbiß. Man vergesse nicht den Zusammenhang mit dem Bulldog-Erbe, daß es eine ganze Anzahl von Hunderassen gibt, deren Standard den Vorbiß verlangt.

Augen. Die Schrägstellung der Augen ist für die Rasse sehr charakteristisch, ebenso die Dreiecksform. Runde Glotzaugen wirken rassefremd. Dunkle Augenfarbe und das charakteristische Funkeln des Auges sind sehr rassetypisch und erwünscht.

Ohren. Schwere Hunde haben mit der Ohrenhaltung eher Probleme als die leichten. Schräg angesetzte Ohren wirken recht störend. Eine korrekte Ohrenhaltung entsprechend der genauen Standardformulierungen gehört zum richtigen Rassetyp.

Hals. Leider wird das Wörtchen **lang** häufig übersehen, haben wir viel zu viele „stiernackige, kurze Hälse". Die im Standard beschriebene Halsform ist ein ganz wesentlicher Bestandteil richtiger Bull Terrier-Anatomie.

Vorhand. Vorzügliche Standardbeschreibung. In der Praxis sind korrekter Schulterschluß, die typische Bull Terrier-Front mit eng anliegenden Ellenbogen,

Zeichnung 7: Fehlerhafter Trab, Vorderläufe paddeln.

leider oft nicht erreicht. Auch fehlt es zu vielen Bull Terriern heute an ausreichender Länge der Laufknochen. Das angestrebte Verhältnis 1:1 - Länge der Vorderläufe zur Brusttiefe - dardbeschreibung perfekt. Da viel zu viele Bull Terrier-Liebhaber Substanz und Dickleibigkeit nicht auseinander zu halten verstehen, treffen wir auf weiche Rücken und Hängebäu-

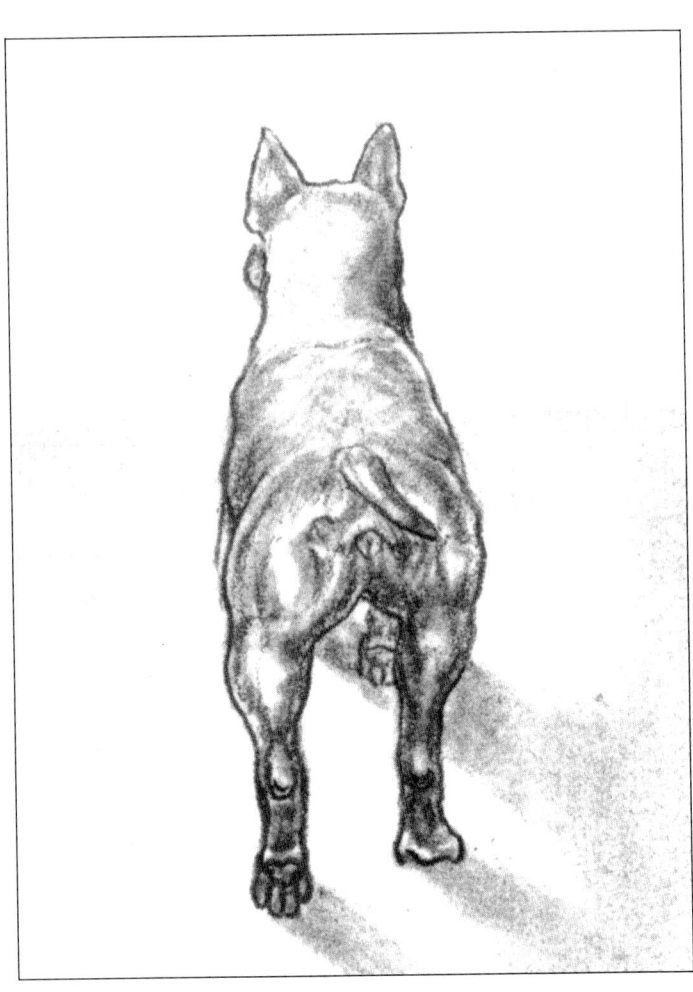

Zeichnung 8: Sehr guter Schub aus der Hinterhand, die Läufe bewegen sich parallel.

wird leider bei sehr vielen Hunden nicht erreicht, Kurzläufigkeit dominiert! Bitte beachten Sie die Anatomiezeichnungen in diesem Kapitel!

Körper. Auch hier ist die Stan-

che. Elegante untere Linie ist zur Seltenheit geworden.

Hinterhand. Auf die im Standard geforderte korrekte Winkelung von Knie und Sprunggelenk sollte viel mehr geachtet werden, auch Faßbeinigkeit tritt zu häufig auf.

Pfoten. Die Standardanforderungen werden heute von den meisten Bull Terriern erfüllt, standardwidrig sind sogenannte Hasenpfoten.

tragene Rute, ist kein Merkmal für einen besonders fröhlichen Charakter, sondern ein anatomischer Fehler.

Bewegung/Gangwerk. Im Vergleich zu anderen Hunderassen hat es der Bull Terrier hier

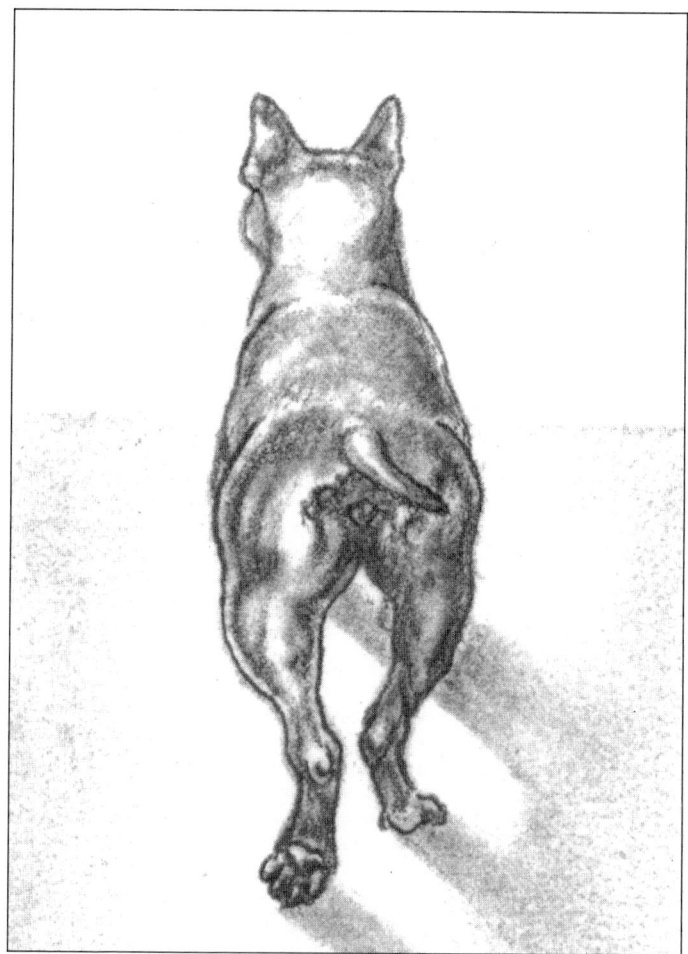

Zeichnung 9: Kuhhessige Stellung der Hinterhand führt zu ungenügendem Schub.

Rute. Beim Terrier-Typ treffen wir naturgemäß häufig auf etwas hochangesetzte Ruten, meist parallel zu etwas steilerer Hinterhandwinkelung. Der „gay tail", die fröhlich nach oben ge-

schwer. Kompakte Hunde können sich nun einmal nicht so leichtfüßig bewegen wie elegante Leichtgewichte. Umso wichtiger ist es, dem Bewegungsablauf größte Aufmerksamkeit zu wid-

Zeichnungen 10 und 11:
„In der Bewegung erscheint der Hund geschlossen, er überwindet den Boden mit freien, leichten Schritten ... Die Vorderäufe greifen weit aus, die Hinterläufe bewegen sich geschmeidig aus der Hüfte ..."

men. Die Standardbeschreibung wurde im vorliegenden Standard neu formuliert, ist absolut klar und eindeutig. Unsere Zeichnungen erleichtern sicher das Verständnis. Wir haben heute eine Reihe sich gut bewegender Bull Terrier, leider aber häufig parallel mit zu langem Rücken. Es ist noch ein weiter Weg zu gehen, um Standard und Wirklichkeit auf einen gemeinsamen Nenner zu bringen.

Haar und Farbe. Hier gibt es wenig Probleme, die Standardformulierungen sind klar. Man denke daran, eine Fehlmarkierung sticht jedem ins Auge, behindert aber keinen Hund etwa in der Art wie ausgedrehte Ellenbogen oder zu steile Hinterhandwinkelung. Eine Fehlfarbe ist ein typischer Schönheitsfehler, damit wird man meist nicht Ausstellungssieger, der Hund ist aber völlig gesund!

Größe und Gewicht. Eine geradezu ideale Standardformulierung. Es hat sich über mehr als hundert Jahre gezeigt, daß diese Rasse auch ohne genau vorgeschriebenes Schultermaß oder Gewichtslimit ohne allzugroße Ausschläge im mittleren Größenbereich blieb. Übertreibungen gehen zuweilen in Richtung auf Übergröße und Schwergewicht, zum Schaden der Beweglichkeit. Wichtig: **Maximum an Substanz** bezieht sich auf Knochen und Muskulatur, ist keine Entschuldigung für dickbauchige Hängebauchschweinchen, wie man sie immer wieder antrifft. Hängebäuche sind eindeutig standardwidrig - machen unsere Hunde krank.

Fehler. Noch eine glückliche Formulierung! Kluge Richter und Züchter wissen, daß es immer auf die Vorzüge des Hundes (und Menschen) ankommt, daß herausragende Vorzüge prak-

tisch jeden Fehler kompensieren können. Völlig verkehrt wäre es, Hunde (und Menschen) in erster Linie nach ihren Fehlern zu richten!

Miniature Bull Terrier

In den 60er Jahren des vergangenen Jahrhunderts wurden schon mit Beginn der Reinzucht auf den Hundeausstellungen eigene Klassen für den Miniature Bull Terrier eingerichtet, vom Standard Bull Terrier durch Größen- oder Gewichtslimit getrennt. Diese Leichtgewichte waren etwa vor einhundert Jahren bei den Hundefreunden in England ganz besonders beliebt. Aufgrund extremer Größen- oder Gewichtslimits, welche die Zucht sehr stark erschwerten, war die Rasse aber bereits im Jahre 1906 nahezu ausgestorben. 1918 schloß der Kennel Club weitere Eintragungen, da beim Register keine Anmeldungen mehr erfolgten.

1939 gründete Colonel Glyn für den Miniature Bull Terrier einen eigenen Club, leitete eine Neubelebung der Rasse ein. Das Grundproblem der Zucht besteht darin, daß alle Zwergformen unter den Hunderassen genetisch zu einer mit der Zwergform gekoppelten Apfelköpfigkeit (mit runden Augen) neigen, man aber vom Miniature Bull Terrier den typischen Bull Terrier-Kopf verlangt. Die zweite, fast unlösbare Aufgabe für die Züchter bestand darin, daß man noch bis vor wenigen Jahren im Standard ein genaues Gewichtslimit verankerte. Wie sollte aber dann die Standardforderung nach einem Maximum an Substanz erfüllt werden?

Heute gilt, daß der Miniature

Zeichnung 12: Terrier-Typ. Sehr guter, richtig ausgefüllter Kopf. Schöne, kleine Ohren. Eleganter Hals, kurzer Rücken, schöner

Rutenansatz. Gute Knochen, richtige Länge der Läufe, gute Winkelung. Ein Typ, der durch seine Eleganz besticht.

*Zeichnung 13: Bulldog-Typ. Starke Wölbung Oberkopf, übertriebe-
ne Lefzenbildung, starker Unterkiefer, kräftiger Hals. Tiefe Brust*

mit deutlich entwickelter Vorbrust, zu breite Pfoten, im Verhältnis zur Brusttiefe etwas kurz in den Laufknochen.

Bull Terrier in allen Einzelheiten dem Bull Terrier gleich sein soll, er darf aber nur eine Schulterhöhe von maximal 35,5 cm (14 Inches) erreichen. Alle Gewichtsbegrenzungen wurden abgeschafft. Dennoch hat sich die züchterische Aufgabe unverändert als recht schwierig erwiesen.

In England, dem Ursprungsland der Rasse, gestattete man über eine ganze Reihe von Jahren, in die alten Miniature-Schläge kleingebliebene Standard Bull Terrier einzukreuzen. Ein äußerlich, also im Phänotyp kleiner Bull Terrier trägt aber unverändert das Gen für die Größe des Standard Bull Terriers in sich. Kein Wunder, daß heute genaue Voraussagen, ob und wieviele Welpen in einem Miniature-Wurf tatsächlich ausgewachsen ins Größenlimit passen, sehr schwierig sind.

Es gibt eine stattliche Anzahl an Bull Terrier-Freunden, die aufgrund der räumlichen Enge der Wohnverhältnisse recht gerne einen solchen Miniature Bull Terrier wählen würden; das zeigt schon die immer wachsende Popularität des Staffordshire Bull Terrier. Wie schon erwähnt ist in allen übrigen Bereichen der Miniature Bull Terrier seinem größeren Vetter gleich - nicht zuletzt im bezaubernden Bull Terrier-Wesen - also wäre die Zucht guter Miniature Bull Terrier eine sehr reizvolle Aufgabe.

Viel zu wenige Züchter haben die Chancen dieser Kleinen richtig erkannt, scheuen - wohl nicht zu Unrecht - vor der schwierigen züchterischen Aufgabe zurück. Eine hochinteressante Hunderasse mit großen Entwicklungschancen - wenn es gelingt, die züchterischen Probleme in den Griff zu bekommen.

In diesem Zusammenhang erinnere ich mich an eine Diskussion mit meinem Freund Raymond Oppenheimer, die gerade auf diese züchterischen Probleme ausgerichtet war. Sein Standpunkt war in einer einzigen Frage enthalten: „Glaubst Du mir, daß, wenn ich in den 30er Jahren mit der Zucht des Miniature Bull Terriers begonnen hätte, die Rasse heute durchgezüchtet, die züchterischen Probleme gelöst wären?" - Ich mußte diese Frage rückhaltlos bejahen. Es kommt eben immer auf züchterische Persönlichkeit und Zielstrebigkeit an!

Zeichnung 14: Kopfstudie M. Janus.

Kapitel Drei

AUSWAHL UND KAUF

Bull Terrier für wen?
Welpenkauf
Kauf erwachsener Bull Terrier
Bull Terrier in Not

Abb. 9: Bingo, ein prachtvoller,
12 Wochen alter Jungrüde aus dem Abraxas-Zwinger.

Bull Terrier für wen?

Wenn unsere Hunde sich selbst ihre Herrchen und Frauchen aussuchen dürften, ich glaube, wir hätten viel weniger Probleme mit falsch plazierten Hunden. Hunde besitzen nämlich ein sehr feines Gespür, ob sie mit Menschen zurechtkommen oder nicht. Wir Menschen aber gehen häufig mit völlig falschen Vorstellungen an den Hundekauf, hegen übersteigerte Erwartungen an unsere Vierbeiner, sind uns häufig gar nicht der Verantwortung bewußt, die mit dem neuen Hausgenossen auf uns zukommt.

Bull Terrier-Käufer bilden hier keine Ausnahme, obwohl ich anerkennend feststellen muß, daß die meisten Bull Terrier-Freunde doch mit recht klaren Vorstellungen an den Hundekauf gehen, schon über einiges Wissen über die Rasse verfügen. Ihr Problem ist vielmehr, daß sie voller Illusionen antreten! Für die meisten ist der Bull Terrier ein **Traumhund,** wenn ich ganz ehrlich bin, steckte auch ich beim Kauf meines ersten Bull Terriers voller Illusionen.

Gladiator unter den Hunderassen, **weißer Kavalier, Budd McSpency** ... Daß ein solcher Wunderhund aber auch an seinen Besitzer ganz klare Forderungen stellt - das lernt man erst viel später!

Der Bull Terrier ist kein Hund für sehr autoritäre Hundeliebhaber, noch weniger aber wird er nachgiebigen Menschen Freude bereiten, denn laxe Erziehung nutzt er schamlos aus. „Ein Hund, der keinen Idioten als Herrn toleriert", so lautet etwa die sehr freie Übersetzung des Ausspruchs eines englischen Kenners. Nicht umsonst habe ich den geschichtlichen Hintergrund der Rasse, den Überlebenskampf in der Pit, geschildert. Ein solcher Hund braucht Schneid, Eigenständigkeit, Mut und Beharrlichkeit - alles Eigenschaften, welche Kadavergehorsam ausschließen. Im Rassestandard des Bull Terriers wird seine Menschenfreundlichkeit hervorgehoben, seine Liebe zu Menschen. Auch dies ist echtes Kampfhundeerbe, das von Laien so häufig mißverstanden wird. In der Pit auf Leben und Tod kämpfende Hunde wurden zwischen den einzelnen Kampfrunden von Menschen getrennt; während des Kampfes knieten die Hundebesitzer dicht neben ihren kämpfenden „Gladiatoren". Versuchen Sie einmal, mit Ihren Händen raufende Schäferhunde oder Terrier zu trennen! Seiner Natur nach geht der Bull Terrier jedem Fremden voller Selbstvertrauen entgegen, freut sich, hegt keine Aggression. Aber wenn es darauf ankommt, weiß sich dieser Hund seiner Haut zu wehren. Richtig erzogen ist er aber Menschen gegenüber nie aggressiv. Eine Ausbildung im sogenannten „Schutzdienst" lehne ich heute bedingungslos ab.

Wenn Sie sich für diese Rasse interessieren, dann sehen Sie bitte nicht nur den kleinen Gladiator, sondern ebenso den **Liebe heischenden Schmusehund.** Nur wenige Hunderassen kenne ich, die so darauf angewiesen sind, ihre täglichen Schmuseeinheiten einzusammeln – übrigens ein typisches Bulldog-Erbe. Immer wieder haben wir die Frage diskutiert, wie man für Bull Terrier eine geeignete „Streichelmaschine" konstruieren könnte, so groß ist ihr Hunger nach Zärtlichkeit. Und Behaglichkeit lieben sie auch. Das menschliche Bett ist - fast - nie sicher vor ihrem Besuch; da läßt's sich so herrlich kuscheln, noch besser sogar als auf gemütlichen Polstersesseln.

Und noch etwas. Bull Terrier sind **liebenswerte Clowns**, unsere menschliche Fantasie spricht ihnen sogar Sinn für Humor zu! Bull Terrier sind Hunde für fröhliche Menschen, die Spaß verstehen, herzhaft über sich selbst wie über ihre Hunde lachen können.

Und damit bin ich wieder bei den Anforderungen, die Bull Terrier an ihre Menschen stellen. Viel Zeit - diese Hunde brauchen ihre Menschen, um sich wohl zu fühlen. Kein Hund für Berufstätige, die täglich ihre Hunde acht bis zehn Stunden allein lassen müssen. Umso mehr ein idealer Kinderhund, immer bereit zu neuem Spiel. Ein Hund für die ganze Familie!

Wir sprachen bereits von seiner ausgeprägten Eigenwilligkeit, manche meinen sogar Dickköpfigkeit. Und diese Eigenschaft wiederum verlangt ein Herrchen/Frauchen, das diesen Hund konsequent, aber liebevoll zu erziehen vermag. Nun, dabei bedarf es keinerlei körperlicher Strafen oder gar eines tierquälerischen Stachelhalsbandes. Aber von klein auf muß dieser Hund systematisch lernen, wie weit er gehen darf, wo seine Stellung in der Rangordnung der Familie ist. Und Voraussetzung für ein harmonisches Zusammenleben sind Konsequenz in der Erziehung und - viel Liebe.

In ihren räumlichen Ansprüchen sind Bull Terrier genügsam, ja bescheiden. Ein geradezu idealer Wohnungshund, der viel schläft, wenn er genügend Auslauf und zeitweilig Beschäftigung mit seinen Zweibeinern hat. Auch seine Anforderungen an täglichen Auslauf halten sich

in Grenzen. Morgens, mittags und abends etwa eine halbe Stunde sind erforderlich, ideal, wenn er dabei mit befreundeten Hundekumpanen spielen darf. Am Wochenende ist die eine oder andere größere Wanderung hochwillkommen. Meine Bull Terrier sind bei gemütlichem Tempo auch schon etwa zwanzig Kilometer fröhlich neben dem Fahrrad gelaufen, ein zusätzliches Konditionstraining, aber keinesfalls ein „Muß"!

So, dies war ein erster Einblick, was mit dem Bull Terrier auf Sie und Ihre Familie zukommt. Denken Sie aber auch an Futterkosten, Hundesteuer, Haftpflichtversicherung, Schutzimpfungen, - über den Daumen gepeilt eine monatliche Durchschnittsbelastung von DM 150,- bis DM 200,-, dazu kommt ein realistischer Welpenpreis von etwa DM 1.800,-; das müßten Sie sich leisten können! Alles Nähere über das Zusammenleben finden Sie in den Kapiteln über junge und erwachsene Bull Terrier.

Welpenkauf

Beim Welpenkauf sollte man sich auf zwei Fragen konzentrieren: a) auf die Elterntiere, b) auf den Züchter. Beides ist von gleicher Wichtigkeit.

Züchten heißt - in Generationen denken. Über die Qualität des Welpen im Sinne des Rassestandards entscheiden die Gene des Rüden wie der Hündin; näheres hierzu in Kapitel sechs. Vorab nur soviel - sehr aufmerksam sollte sich der Käufer die Mutterhündin, wenn irgendmöglich aber auch das Vatertier, selbst ansehen. Nur wenn **beide** den eigenen Vorstellungen über den guten Bull Terrier weitge-

Abb. 10: „... umso mehr ein idealer Kinderhund!"
Foto: Manuela Barth.

hend entsprechen, sollte man aus dieser Paarung einen Welpen kaufen. Noch interessanter wäre es, Nachzuchten zu kennen, die aus der gleichen Paarung in vorangegangenen Würfen geboren wurden. Großeltern, Eltern, Geschwister und Halbgeschwister, je mehr man von ihnen weiß, sie nach Möglichkeit selbst kennengelernt hat, umso sicherer gewinnt man ein richtiges Bild darüber, wie sich der Welpe später entwickeln wird. Merke: alle Welpen sind süß, verführerisch, - was daraus wird, wie sie sich später auswachsen, darüber sollte man sich sehr gut informieren.

Zwischen Züchter und Züchter können Welten liegen. Gerade Rassen, die populär sind, ho-

he Welpenpreise in Aussicht stellen, ziehen leicht die falschen „Züchter" an, Menschen, denen es um eine schnell und leicht verdiente Mark geht.

Verantwortungsbewußte Züchter sind durch Hundezucht selten reich geworden. Gute Zucht kostet Geld - aber noch viel mehr Freizeit! Befassen Sie sich mit den Grundlagen der Hundeverhaltensforschung. Es ist nachgewiesen, daß gerade die Aufzuchtphase beim Züchter einen Hund lebenslänglich prägt - zum Guten wie zum Bösen. So entscheidend die richtige Fütterung von Hündin wie Welpen ist, zumindest gleichrangig steht die menschliche Betreuung der Welpen. Welpen brauchen sehr viel Körperkontakt, Spiel mit dem Menschen, Vertrautsein mit einer erlebnisreichen Umwelt, wenn sie sich zu guten Hunden auswachsen sollen.

Keinesfalls sollten Welpen in der abgeschiedenen Welt eines hygienisch sterilen Zwingers aufwachsen, sondern immer über die ersten drei Wochen in der menschlichen Wohnung, wo der Züchter Welpen und Mutter wesentlich besser zu überwachen vermag. Danach ist gegen einen Umzug in einen eigenen Aufzuchtraum, der später auch Zugang der Welpen zum Freiauslauf ermöglicht, nichts einzuwenden. Aber auch in diesem Raum niemals Isolation von Menschen, sondern engen Kontakt.

Es gibt Züchter, die unter vorgeschobenen hygienischen Argumenten Kontakte ihrer Welpen mit Besuchern unterbinden. Entweder haben sie etwas zu verbergen oder völlig überholte Aufzuchttheorien im Kopf. Natürlich haben Besucher, die vorher mit erkrankten Hunden in Kontakt standen, im Welpenzwinger nichts zu suchen. Dennoch ist eine theoretisch mögliche An-

Abb. 11: Welpen, 3 Wochen alt.   *Foto: Ritschel.*

Abb. 12: Alle Welpen sind süß, verführerisch, - was daraus wird, wie sie sich später auswachsen, darüber sollte man sich sehr gut informieren. Foto: Gabriele Niestroj.

steckung durch Besucher das kleinere Übel gegenüber dem so wichtigen Kontakt der Welpen mit einer Vielzahl von Menschen. Hier wird der Grundstein für die gerade beim Bull Terrier so reizvolle Unbefangenheit, die Aufgeschlossenheit Menschen gegenüber, gelegt. In der Isolation aufgewachsene Bull Terrier-Welpen sind fehlgeprägt. Natürlich ist der Züchter dafür verantwortlich, daß seine Welpen nur positive Erfahrungen mit Menschen machen. Welpen sind keinesfalls Spielzeug für kleine Kinder!

Etwa ab einem Alter von fünf Wochen sollten Welpen Gelegenheit haben, in einem hundegerechten Freiauslauf neue Erfahrungen zu sammeln. Fachleute fordern den Erlebniszwinger - eine Außenanlage, die nicht primär darauf ausgerichtet ist, daß der Züchter sie möglichst leicht reinigen kann, sondern den Welpen mannigfaltige Spielerfahrungen bietet. Grobe Holzteile, Hartgummibälle, Unterschlüpfe in umgedrehten Kisten, verknotete Stricke zum Seilziehspiel - dies alles bietet den kleinen Rabauken Lernerfahrungen für ihr ganzes künftiges Leben.

Noch eine abschließende Anmerkung zum „richtigen Züchter". Nach meiner Überzeugung trägt er alleine die Verantwortung dafür, daß seine Welpen geboren wurden. Diese Verantwortung darf keinesfalls enden, wenn der zusätzlich verdiente Scheck bei seiner Bank eingelöst ist, sie besteht für ein gesamtes Hundeleben! Wenn der Züchter Ihnen beim Verkauf einige kritische, ja sogar unangenehme Fragen stellt, darauf abzielt, sich ein möglichst genaues Bild zu machen, in welcher Welt sein Welpe künftig aufwächst, wenn er bei unbefriedigenden Antworten sogar die Abgabe seines Welpen in Frage stellt, dann ist dies genau der Züchter, bei dem Sie eigentlich kaufen sollten. Der Käufer muß das feste Gefühl gewinnen, bei diesem Züchter finde ich immer Rat und Hilfe, wenn einmal mit dem neuen Familienmitglied Schwierigkeiten entstehen. Manche Züchter vereinbaren vertraglich ein Rückkaufrecht, falls der Welpe umgesetzt werden muß; das ist völlig in Ordnung. Ich wünschte mir nur, der Züchter fühlte sich auch verpflichtet, seine Welpen immer tatsächlich zurückzuholen, wenn es das Wohl des Tieres erfordert.

Nun einige Worte zur Welpenauswahl. Schon recht früh deuten Bull Terrier-Welpen an, ob Sie dem Rassestandard nahe kommen. In erster Linie gilt dies für den Körperbau. Starke Knochen, gute Rippenwölbung, richtige Winkelung von Vor- und Hinterhand lassen sich früh erkennen. Achten Sie auf Substanz, verfallen Sie aber nicht kleinen, unförmigen „Hängebauchschweinchen". Richtig aufgezogene Welpen sind beweglich, haben Taille und normale Körperformen.

Schwieriger ist die Beurteilung der Kopfform. Hierzu eine Erfahrungsregel: ein sehr typischer, in der oberen Linie abgerundeter, unter den Augen gut ausgefüllter Kopf verschlechtert sich später nur sehr selten, ist aber öfter bereits mit vorbeißender Kieferstellung verbunden. Bei anderen Kopfformen besteht durchaus die Chance, daß sie sich im weiteren Entwicklungsprozeß ganz wesentlich verbessern. Nur - man weiß es halt nicht.

Vorbiß bei Welpen wächst sich mit zunehmendem Alter bei einigen wenigen zur Schere aus, bleibt bei etwa 90% aber lebenslänglich. Von vielen Züchtern wird der Rückbiß verantwortungslos verharmlost, gar als Sicherheitsmarge für ein künftiges Scherengebiß angepriesen. Vorsicht, bei einigen Zuchtlinien ist dies tatsächlich der Fall, bei weitem aber nicht bei allen. Rückbiß ist für den Welpen ein ernsthaftes Handicap, erschwert normale Futteraufnahme beträchtlich. Schauen Sie in den Oberkiefer, Welpen mit Rückbiß graben dort mit ihren unteren Schneidezähnen eine tiefe Furche, die schmerzt. Schiefstehende Unterkiefer ändern sich nach meiner Erfahrung nie, führen zum sogenannten Kreuzbiß, einem deutlichen Fehler. Noch problematischer ist der zu schmale Unterkiefer, ein zuweilen auftretendes Terrier-Erbe. Später führt dieser dazu, daß im Erwachsenengebiß der untere Fangzahn nicht außen vor den oberen Zähnen steht, sondern dahinter tief in den Oberkiefer eindringt. Der Hund beißt sich selbst Löcher in den eigenen Oberkiefer, was schmerzhaft ist, oft ein Kappen der Zahnspitzen notwendig macht. Ein schwerwiegender, anatomischer Fehler, der zum Zuchtausschluß führen sollte!

Wenig problematisch ist ein im Abgabealter von etwa acht Wochen noch nicht völlig durchgefärbter Nasenspiegel, das gibt sich in 90% der Fälle. Aber Vorsicht, wenn auch die Elterntiere schwaches Pigment aufweisen. Ein leichter Nabelbruch ist tolerabel, wächst sich in etwa 90% der Fälle ohne Operation aus. Lassen Sie sich nicht vom Tierarzt zu einer überflüssigen Operation überreden, es sei denn, der Nabelbruch hätte etwa die Größe einer Walnuß.

Bei Rüdenwelpen ist sorgfältige Hodenkontrolle dringend angezeigt. Vergewissern Sie sich notfalls durch tierärztliche Nachuntersuchung, daß beide Hoden im Alter von sieben Wochen tatsächlich in den Hodensack abgestiegen sind. Wenn nicht, bedeutet dies in den meisten Ländern einen zuchtausschließenden, stark wertmindernden Fehler. Grundsätzlich empfiehlt es sich, beim Welpenkauf zu vereinbaren, daß auf Kosten des Käufers eine sofortige tierärztliche Gesundheitsuntersuchung erfolgt und erst danach der Kauf rechtsgültig wird. Vertrauen ist gut, Kontrolle besser!

Unerwünschte weiße oder farbige Flecken an bestimmten Körperpartien sind für ein Leben als Familienhund absolut ohne Bedeutung, manche mögen sogar eine solche Scheckung. Es sieht nicht gerade schön aus, wenn etwa die geschlossene gestromte oder rote Rückendecke eines Hundes von einem größeren, weißen Fleck asymmetrisch unterbrochen wird, farbige Flecken bei Weißen sind mit Ausnahme der Kopfpartie nach dem Standard sogar unerwünscht, stören aber den Hund in seinem Wohlbefinden in keiner Weise. Hier erinnere man sich der alten Reiterregel: ein gutes Pferd hat keine schlechte Farbe! Dies gilt übrigens auch für die weniger beliebten Bull Terrier-Farben wie schwarz oder dreifarbig.

Zumindest von gleicher Wichtigkeit wie die Prüfung auf anatomische Vorzüge und Fehler ist eine verständige Wesensprüfung. In jeder Hundefamilie besteht eine Rangordnung, im Wurf zeigt sich diese bereits im Alter von fünf bis sechs Wochen. Besonders in ihrer Jugend sind Welpen extrem lernfähig, wissen früh, mit welchem der Geschwister sie sich besser nicht anlegen, aber auch welche sie sich selbst unterordnen können. Verfallen Sie nicht auf die Idee, gerade der Rudelboß sei der Idealhund für Sie! Im späteren Alltag wird er auch Sie zu dominieren versuchen, stellt beträchtliche Anforderungen an die erzieherische Geschicklichkeit seines Herrchens/Frauchens. Für erfahrene Hundeleute durchaus akzeptabel, aber mit Sicherheit kein Hund für Anfänger!

Der Welpe am unteren Ende der Rudelhierarchie ist gleichfalls nur ein „Hund für Liebhaber". Offen gesagt, bei der robusten Wesensveranlagung dieser

50

Abb. 13: Das ist der Richtige!   Foto: Moschner.

Abb. 14: Voller Unternehmungslust!   Foto: Michel.

Rasse ist das „Mauerblümchen" weniger problematisch als bei anderen Rassen - manche Menschen verlieben sich sogar zu recht in ein solches „Sensibelchen". Zahlreiche so veranlagte Welpen haben sich später in ihrem Leben ganz gut herausgemacht, aber etwas Vorsicht ist dennoch geboten. Achten Sie auf das Wesen der Elterntiere, der näheren Verwandten. Gibt es irgendwelche Anzeichen von Scheu und Ängstlichkeit, Finger weg von den „Mauerblümchen". Offen gesagt, ich würde dann nach Möglichkeit einen solchen Wurf ganz meiden. Bull Terriertypisches, selbstsicheres Wesen gehört zu den Grundanforderungen, von denen man nicht abweichen sollte. **Leider - hier haben in den letzten zwanzig bis dreißig Jahren eine ganze Reihe von Züchtern um des Ausstellungserfolges willen ernsthaft gesündigt!**

Zurück zu unserem Wurf. Der richtige Welpe für den Hundeliebhaber ist meist nicht der frechste, aber auch nicht der zurückhaltende, man wähle mehr aus der Mitte! Bei wesensfesten Elterntieren kann man zurecht erwarten, daß gerade diese Welpen ideale Familienhunde werden, sich harmonisch in das gemischte Rudel Mensch/Hund einpassen. Vorausgesetzt - sie werden vernünftig erzogen.

Und wie erfahren Sie eigentlich, wo die einzelnen Welpen in der Rangordnung stehen? Interessierte Käufer besuchen einen Wurf mehrfach, irgendwann zwischen einem Welpenalter von vier und acht Wochen, setzen sich in aller Ruhe über eine halbe Stunde zwischen die Welpen und beobachten. Wenn Sie sich diese Zeit nehmen, den Züchter davon überzeugen, daß Sie nur beobachten, nicht irgendwelche Experimente mit den Welpen anstellen, dann lernen Sie schnell, wie sich die einzelnen Welpen im Spiel mit Mutter und Geschwistern verhalten. Dieses Beobachten macht sehr viel Freude!

Ja, es gibt auch von Verhaltensforschern ausgearbeitete Welpentests, über die ich in einem meiner anderen Bücher (KYNOS HUNDEFIBEL) ausführlich berichtet habe. Ihre richtige Durchführung erfordert aber gutes Einfühlungsvermögen und einigen Hundeverstand. Im Grunde genommen müßte Ihnen der gute Züchter, der sich tagtäglich mit seinen Welpen intensiv befaßt, sehr genau den Hund empfehlen können, der wesensmäßig zu Ihnen paßt. Denn wer kennt seine Welpen besser?

Sie müssen nur herausfinden, ob Sie ihm vertrauen können. Hier noch ein guter Rat: verhält sich ein Züchter merkwürdig, kommt es nicht zu einer soliden Vertrauensbasis, wäre es wahrscheinlich besser, gar nicht bei ihm zu kaufen.

Richtige Welpenauswahl stellt schon einige Grundanforderungen an den Käufer:
1. Kenntnis des Rassestandards! Es lohnt sich wirklich, wenn Sie Kapitel Zwei nochmals ausführlich nachlesen, sich die wichtigsten Anforderungen einprägen. Nur durch Vergleich mit dem Standard können Sie die Qualität der Elterntiere, aber auch der vor Ihnen spielenden Jungtiere, richtig beurteilen.
2. Grundkenntnisse der Verhaltensforschung, denn hier liegt der Schlüssel zur richtigen Wesensbeurteilung. Vergessen Sie nie, welchen enormen Einfluß für ein ganzes Hundeleben die Aufzuchtbedingungen beim Züchter haben. Meiden Sie einzelne Zwinger wie die Pest, wenn die Welpen ungepflegt, ver-

Abb. 15: Lernerfahrungen im Erlebniszwinger.   Foto: G. Michel.

Abb. 16: Was kostet die Welt? Ich kaufe!   Foto: G. Michel.

schmutzt, seelisch bedrückt erscheinen. Kaufen Sie keinesfalls aus Mitleid, nur um so einen armseligen Welpen zu retten! Es kostet Sie im weiteren Leben ein Vielfaches des Kaufpreises durch immer neue Tierarztkosten; seelische Frühschäden wachsen sich nur in seltenen Fällen wieder völlig aus. Nicht umsonst spricht man von einer Welpenprägung - für's ganze Leben! Denken Sie dabei an eine Münze - auch sie wird nur einmal geprägt. Kaufen Sie dennoch unüberlegt, aber aus gutem Herzen, ermuntern Sie derartige Vermehrer, ihr Unwesen fortzusetzen!

Treffen Sie tatsächlich auf miserable Aufzuchtverhältnisse, scheuen Sie sich nicht - um der Hunde willen - derartigen „Züchtern" das Handwerk zu legen. Benachrichtigen Sie Zuchtverein und Tierschutz, stehen Sie zu Ihren Aussagen! Sie ersparen wehrlosen Tieren viel Leid!

Kauf erwachsener Bull Terrier

Wer meine Ausführungen über den Welpenkauf aufmerksam gelesen hat, fand darin sicherlich eine ganze Reihe grundsätzlicher Überlegungen, die auch auf den Kauf halbwüchsiger und ausgewachsener Bull Terrier Anwendung finden können. Der Umfang des vorangegangenen Unterkapitels ergibt sich ganz einfach daraus, daß - glücklicherweise - die ganz überwiegende Mehrzahl der Hundekäufe im Abgabealter von sieben bis acht Wochen direkt beim Züchter erfolgt. Warum gerade dieses Alter - dazu Näheres in Kapitel Vier.

Entgegen allen gängigen Annahmen ist der Kauf älterer Bull Terrier sehr viel risikoreicher als der Welpenkauf. Zugegeben, für den Züchter, bei dem es besonders auf eine Reihe anatomischer Kriterien ankommt, mag der Kauf eines halbjährigen, ja auch erwachsenen Bull Terriers durchaus interessant sein; die Risiken fehlerhafter anatomischer Entwicklung sind entsprechend geringer. Man weiß, ob die Gebißstellung korrekt ist, Vollzähnigkeit - eine in ihrer Bedeutung sehr umstrittene Anforderung - ist erst nach dem Zahnwechsel festzustellen. Aus züchterischen Gründen, insbesondere ausgelöst durch engherzige, verschrobene Zuchtzulassungsbestimmungen, war ich mehrfach gezwungen, ältere Bull Terrier zu importieren. Dem Liebhaber, dem es vor allem auf einen angenehmen Familienhund ankommt, rate ich uneingeschränkt zum Welpenkauf.

Ein sehr offenes Wort. Würden Sie selbst eigentlich einen wirklich guten Bull Terrier, der allen Ihren Erwartungen entspricht, verkaufen? Bestimmt nicht, er gehört zur Familie, wird von allen geliebt, entspricht Ihren Wünschen! Glücklicherweise ist die Mehrheit aller Hundebesitzer nicht bereit, einen älteren Hund abzugeben, selbst wenn er den einen oder anderen Fehler aufweist.

Abgegeben werden - Hunde die Ärger machen, ihren Erstbesitzer so enttäuscht haben, daß sie ihn nicht mehr mögen. „Umständehalber" zu verkaufende Hunde sind arme Opfer von Hundekäufen aus einer Laune heraus, von Besitzern, die erzieherisch mit der ihnen gestellten Aufgabe nicht fertig wurden. „Second hand-Hunde" haben - fast - alle so schwere, meist von Menschen verschuldete Fehler, daß sie eben deshalb zum Verkauf stehen. Es gibt bedauerlicherweise eine ganze Reihe von Hunden, die ein solches Schicksal mehrfach erleiden! Das muß man ganz einfach wissen!

Natürlich, es gibt eine Fülle an Gründen, von „Umständen", weshalb Hunde zum Verkauf angeboten werden. Es fragt sich nur, ob das, was der Verkäufer angibt, der echte Grund ist - oder nur ein vorgeschobener. Ich vermute, daß die überwiegende Mehrheit der Hundeverkäufer „umständehalber" nicht die Wahrheit sagt, - und sei es nur, weil sie sich des eigenen Versagens schämen.

Verstehen Sie mich nicht falsch! Ich will Sie bestimmt nicht davon abhalten, einem solchen falsch plazierten, durch Unvernunft falsch erzogenen Hund eine neue Heimat zu geben! Der Hund verdient es - in 90% aller Fälle! Ich will Sie nur vor Illusionen bewahren, vor zu großer Leichtgläubigkeit! Und - Sie müssen wissen, daß es sehr vieler Geduld, großen Einfühlungsvermögens bedarf, wenn die Wunden, die unvernünftige Vorbesitzer in der Seele eines Hundes hinterlassen haben, endgültig vernarben sollen.

Anatomisch sind halberwachsene und erwachsene Hunde viel leichter zu beurteilen als Welpen. Aber seelische Schäden sind schwer, oft erst sehr spät zu erkennen! Ein ganz einfaches Beispiel. Im Jahre 1967 kaufte ich aus einem der renommiertesten englischen Zwinger eine sieben Monate alte Nachwuchszuchthündin, sie stammte aus einer Traumpaarung. Mit mir reisten drei Experten durch England, langjährig mit der Rasse vertraut, wir alle sahen in dieser Hündin den „Traumhund". Trotz fachkundiger Haltung und Pflege, sehr vielem Eingehen auf die kleine Hundepersönlichkeit, blieb die Hündin ganz einfach nach dem Besitzwechsel in dem körperlichen Zustand einer sieben Monate alten Hündin stehen - trotz zweier späterer Würfe. Sie entwickelte sich einfach nicht mehr weiter - körperlich wie seelisch. Trotzdem wurde sie zum Liebling meiner Kinder, aber - erträumte Ausstellungssiege blieben Illusion.

Meine grundsätzliche Empfehlung beim Kauf erwachsener Hunde lautet: **vier Wochen Probezeit!** Natürlich, Verkäufer, denen es darum geht, den Hund schnell los zu werden, unter Umständen eine schnelle Mark zu verdienen, sie werden einer solchen Probezeit nur zögernd oder überhaupt nicht zustimmen. Lassen Sie dann die Finger vom Kauf, verzichten Sie darauf, so verlockend das Angebot auch zu sein scheint. Verkäufer, denen es in erster Linie um den Hund geht, akzeptieren eine solche Probezeit, insbesondere wenn der Käufer vertrauenswürdig ist. Denn sie wollen ohnedies ihren Hund zurück, wenn er sich in der neuen Umwelt nicht zurechtfinden sollte.

Ich habe einmal - halb im Spaß, halb im Ernst - den Engländern mit ihren vielen Massenzüchtern empfohlen, weiterhin das strikte Quarantänegesetz Englands (wegen Tollwutgefahr) zu verteidigen. Das allein gäbe ihnen die Sicherheit, daß sie alle die schlechten Hunde (rubbish), die sie exportierten, nicht wieder zurücknehmen müßten. Dabei dachte ich gar nicht in erster Linie an Bull Terrier! Vielleicht ist eine Parallele zum Gebrauchtwagenmarkt nur im ersten Augenblick schockierend. Es gibt nämlich vorzügliche Gebrauchtwagen - und viel Schrott, trotz TÜV-Plakette.

Augen auf, Vorsicht beim Kauf „umständehalber" abzugebender Hunde! Die Hunde haben es meist verdient, ein neues Zuhause zu finden. Aber - auf den Käufer kommen meist schwierige Zeiten zu. Nach meiner Erfahrung kann es ein Jahr und länger dauern, bis der Hund sich wirklich in seiner neuen Umwelt zuhause fühlt.

Bull Terrier in Not!

Ein nicht gerade erfreuliches, aber sehr notwendiges Thema! Im Mutterland England gibt es beim The Bull Terrier Club schon seit Jahrzehnten einen „Welfare Fund", der in Not geratene Bull Terrier aus dem ganzen Lande aufnimmt, pflegt und in Liebhaberhand weitervermittelt. Ein leuchtendes Vorbild weltweit für zahlreiche Rassehundezuchtvereine, leider eine Notwendigkeit für eine Hunderasse wie den Bull Terrier.

In den Bull Terrier Clubs bei uns auf dem Kontinent gibt es zwar viele wohlwollende Absichtserklärungen, auch zentrale Welpenvermittlungen, für notleidende Tiere Gott sei Dank einige vorzügliche Privatinitiativen (siehe X unter „wichtige Adressen"). Aber es sind heute beschämenswert viele Bull Terrier auf die Hilfe öffentlicher und privater Tierheime angewiesen, es fehlt für Bull Terrier an geeigneten, fachkundigen Unterbringungsmöglichkeiten. Leider wird dieses Problem von den verantwortlichen Zuchtvereinen nicht mit der gleichen Energie aufgegriffen wie von unseren Freunden in England.

Warum brauchen gerade Bull Terrier eine solche Hilfe? Es gibt wenige Hunderassen, die von Menschen so gründlich mißverstanden, so häufig mißbraucht werden. Gerade der sagenhafte Ruf dieser Hunde, ihr Charakter, ihr Mut, ihre Dickköpfigkeit führt immer wieder dazu, daß die Falschen diese Rasse kaufen und dann viel zu spät merken, daß sie mit dem Bull Terrier nicht zurecht kommen.

Hinzu kommt seit Jahren ein Zerrbild der Rasse in den Medien, ausgelöst durch gelangweilte, schlecht informierte Journalisten und popularitätsbesessene Politiker. Vielleicht sollte ich es an dieser Stelle nochmals unterstreichen: der Bull Terrier ist ein angenehmer, liebenswerter Familienhund, ein Kinderhund, Freizeitpartner, Menschen zugetan, aber - **er braucht eine konsequente und vernünftige Erziehung und Haltung,** damit er alle diese positiven Eigenschaften entwickeln kann. Es besteht keinerlei sachlicher Grund zu der weit verbreiteten Kampfhundehysterie, sie macht aber vielen Bull Terrier-Freunden das Leben schwer. Wohnungskündigungen, unliebsame, fortwährende Diskussionen mit hysterisch gewordenen Nachbarn haben schon manchen lieben Bull Terrier seinen gemütlichen Sessel im Wohnzimmer gekostet. Es darf und soll aber auch an dieser Stelle nicht verschwiegen werden, daß Unvernunft und Inkonsequenz mancher Bull Terrier-Halter, fehlende Rücksichtsnahme gegenüber der Umwelt und unverantwortliches Scharfmachen dieser Hunde Anlaß für berechtigte Klagen boten. Das Opfer ist - wie immer - das Tier!

Die Anzahl der heute in Tierheimen auf einen neuen Besitzer wartenden Bull Terrier ist ein Schandfleck für die Gesamtheit

*Abb. 17: Sehr vielversprechender Jungrüde, später wurde er interna-
tionaler Champion und Weltsieger. Sehr schöner Kopf, typisches
Auge, kurzer Rücken, breite und tiefe Brust, starke Knochen, gute
Winkelung. Alter fünf Monate.*

*Abb. 18: Sehr vielversprechender Jungrüde, später wurde er engli-
scher Champion. Sehr schöner Kopf, vorzügliche Augen, besonders
gute Körperproportionen, starke Knochen. Kurzer Rücken, vorzügliche Winkelung. Alter sechs Monate.*

*Bull Terrier von der Qualität beider Rüden auf dieser Seite sind prak-
tisch unverkäuflich, der Stolz ihrer Besitzer und Züchter.*

57

Abb. 19: „Bull Royal", Ölgemälde von Renaud Ditte.

der Bull Terrier-Freunde, ein schreiender Vorwurf gegen die Bull Terrier betreuenden Rassezuchtvereine! Warum kassiert man bei den Vereinen zum Beispiel nicht für jeden eingetragenen Welpen DM 20,-, einzig und alleine zur Schaffung von Pflegestellen für in Not geratene Bull Terrier? Warum werden keine Tombolas, keine gezielten Sammlungen veranstaltet? Im Augenblick und - ich fürchte - auf absehbare Zeit ist das Schicksal dieser Hunde einigen wenigen freiwilligen Helfern überlassen, die ihre Freizeit und eigenes Geld opfern, um in Not geratenen Bull Terriern gezielt zu helfen.

Mein Appell richtet sich an alle Bull Terrier-Freunde! Unterstützen Sie diese Helfer durch Geld, aber auch durch persönlichen Einsatz. Wenn Sie daran denken, sich einen Bull Terrier ins Haus zu holen, besuchen Sie nicht nur renommierte Zuchtzwinger, sondern informieren Sie sich auch, ob Sie nicht den zu Ihnen passenden Hund bei einem Träger der Organisation **Bull Terrier in Not** finden können (siehe Kapitel X, wichtige Adressen).

Natürlich, was ich im vorangegangenen Abschnitt über den Kauf erwachsener Hunde geschrieben habe, gilt auch für Bull Terrier in Not. Sie brauchen Verständnis und Liebe, persönliche Opferbereitschaft. In den seltensten Fällen gewinnt man mit „Welfare Bull Terriern" glitzernde Ausstellungspokale. Aber - Sie helfen einem Hund, der verdient, es noch einige Jahre gut zu haben, nach allem, was hinter ihm liegt, anderen Menschen ihm in ihrem Unverstand antaten.

Vielleicht erleichtert es Ihnen den Entschluß, wenn ich Ihnen versichere, daß über die letzten zehn Jahre in Deutschland sehr viele gute Bull Terrier erfolgreich umgesetzt werden konnten, eine neue Heimat fanden. Das menschenfreundliche Wesen dieser Rasse erleichtert eine solche Umstellung. Hier gibt es eine Art

Grundgesetz: wenn es der Hund in seinem neuen Leben besser hat, dann ist er durchaus bereit, sich umzustellen, sich dem Neuen anzupassen. Der neue Besitzer braucht nicht nur Gefühl und gute Absichten. Hinzu gehören vernünftige Planung, Bereitschaft, den neuen Hausgenossen mit viel Liebe und Rücksicht, aber gleichzeitig erzieherischer Konsequenz, in sein neues Leben einzuführen. Es kommt auch immer einmal wieder zu kleinen oder größeren Rückschlägen, Enttäuschungen. Dadurch darf man sich nicht entmutigen lassen.

Wenn Sie sich zur Adoption eines notleidenden Hundes (oder Kindes) entschließen, brauchen Sie sehr viel Geduld, Verständnis und Ausdauer. Auch viel Zeit müssen Sie haben. So ganz richtig endgültig zu Hause ist Ihr neues Familienmitglied zuweilen erst nach einem ganzen Jahr, manchmal etwas früher, manchmal auch später. Sie sollten sich trotzdem nicht abhalten lassen! Schauen Sie sich einmal einen Bull Terrier im Tierheim oder bei den rettenden Helfern an. Ich hoffe, Sie können den traurigen, bittenden Augen nicht widerstehen!

Kapitel Vier

DER JUNGE BULL TERRIER

Erziehung
Haltung
Fütterung
Auslauf und Spiele

Abb. 20: Int. Ch. Abraxas McDayd, vier Monate alt. Foto: Dr. Fleig

61

Erziehung

Das A und O für ein harmonisches Zusammenleben mit Hunden ist die konsequente Erziehung vom ersten Tage des Zusammenlebens an. Diese Grundregel gilt in ganz besonderem Maße für den Bull Terrier, denn diese Hunde sind willensstark, intelligent, haben viel Charme, wirken drollig und versuchen ihre Menschen zu erziehen. Die ersten Wochen entscheiden darüber, wer wen erzieht; werden sie nicht vernünftig genutzt, ist der erste schwerwiegende Schritt in die falsche Richtung getan.

Die Erziehung beginnt in dem Augenblick, da man seinen Bull Terrier beim Züchter abholt, bereits auf der Heimreise im Auto. Vom allererersten Tage an wird Stubenreinheit, richtiges Benehmen in Haus und Garten, gegenüber Menschen und allen anderen Geschöpfen anerzogen. Diese ersten Erziehungsschritte - mit sehr viel Liebe, aber Konsequenz - sind Grundlage für das ganze weitere Leben.

Wußten Sie eigentlich, daß die Verhaltensforscher ganz klar herausgefunden haben, daß
a) das richtige Welpenabgabealter exakt sieben Wochen ist;
b) der Hund über die höchste Lernfähigkeit etwa in einem Alter zwischen sechs Wochen und vier Monaten verfügt?
Der Umfang dieses Buches erlaubt mir nicht, die Forschungsergebnisse datailliert wiederzugeben; meinen Lesern darf ich aber ausdrücklich versichern, daß ich niemals ungeprüft und ohne Vergleiche mit eigenen Erfahrungen solche Forschungsergebnisse einfach weitergebe.

Zum Abgabealter. Eberhard Trumler, einer der großartigsten Forscher, hat festgestellt, daß in einer Wildhundefamilie, in der Rüde und Hündin die Welpen gemeinsam großziehen, exakt nach sieben Wochen die Mutterhündin die weitere Erziehung ihrer Welpen auf den Rüden überträgt. Dies ist im Leben der Welpen eine fundamentale Umstellung. Zu Recht folgert Trumler daraus, daß es höchst sinnvoll wäre, etwa im Alter von sieben Wochen den Welpen in seinen neuen Lebensbereich umzusetzen, da dies dem vorgegebenen natürlichen Rhythmus optimal entspricht.

In diesem Zusammenhang erinnere ich nochmals daran, daß die Früherlebnisse den Welpen prägen, bleibenden Eindruck hinterlassen. Ein Verbleib in der Hundefamilie etwa bis zehn oder zwölf Wochen wäre natürlich angezeigt, wenn der Welpe optimales zwischenhundliches Verhalten lernen sollte. Unser Erziehungsziel aber ist es, den Welpen möglichst harmonisch in unsere menschliche Gemeinschaft zu integrieren, er muß sich in das gemischte Rudel Mensch/Hund einordnen, ein echtes Familienmitglied werden. Das gerade ist ja der Grund dafür, daß ich Sie so besonders auf richtige Aufzuchtverhältnisse beim Züchter hingewiesen habe. Gute Züchter prägen die Welpen von frühester Jugend an auf den Menschen!

Nun zur Lernfähigkeit. In recht moderner Bildersprache vergleicht Eberhard Trumler das Gehirn eines Welpen mit einem noch nicht programmierten Computer und unterstreicht, daß innerhalb der ersten vier Monate die endgültige Programmierung für das ganze Leben des Hundes erfolgt. Die auf das kleine Gehirn einströmenden Erlebnisse bestimmen, ob der Hund sich optimal in die Gemeinschaft mit den Menschen einfügt.

Wohlgemerkt - der junge Hund lernt in diesem Zeitabschnitt immer - auch wenn Sie ihn gar nichts lehren. Dann lernt er eben ganz einfach das Falsche, das, was so tagtäglich mehr oder weniger zufallsbestimmt auf ihn eindringt. Und diese Erlebnisse bestimmen dann wiederum sein weiteres Leben!

Lehren Sie Ihren Bull Terrier ab frühester Jugend zu lernen. Lernen ist für ihn täglich neues Spiel, neues Erleben. Ganz bewußt müssen Sie sich die notwendige Zeit nehmen, das kleine Gehirn zu „programmieren", dann werden Sie an Ihrem Hund sehr viel Freude und kaum irgendwelche Probleme haben.

Das Wissen um die frühe Lernfähigkeit, die es auszubauen gilt, hat die Hundeerziehung in den letzten zwanzig Jahren auf eine völlig neue Basis gestellt, nur - eine ganze Reihe von Autoren und Ausbildern haben es noch nicht mitbekommen, schreiben oder lernen kritiklos aus alten Büchern. Uneinge-schränkt empfehlen kann ich ein auf modernen Erkenntnissen aufgebautes Erziehungsbuch von Heinz Gail **„1 x 1 der Hundeerziehung"**, das in KYNOS KLEINE HUNDEBIBLIOTHEK erschienen ist. Der Autor hat sein Buch ganz maßgebend auf der Erziehungslehre des Amerikaners Richard A. Wolters aufgebaut. Wolters ist ein hochintelligenter Ausbilder von Jagdhunden, hat die recht konservativ eingestellte Jägerschaft damit verblüfft, daß von ihm ausgebildete Jagdgebrauchshunde bereits im Alter von sieben bis zehn Monaten Spitzenleistungen im jagdlichen Einsatz bringen. Seine Erziehungsmethoden sind ebenso revolutionär wir erfolgreich, beruhen auf den Erkenntnissen der amerikanischen Verhaltensforscher, die sich wiederum mit den Forschungen von Eberhard Trumler weitgehend decken. Erwähnen darf ich noch, daß auch der englische Verhaltensforscher Roger Mugford genau auf den gleichen Er-

Abb. 21:
Wir warten auf das Erzogenwerden.   Foto: G. Michel.

kenntnissen aufbaut. Sein im KYNOS VERLAG erschienenes Buch **„Hunde auf der Couch"** verdient größte Aufmerksamkeit, auch wenn man keine gestörten Hunde hat, ganz einfach lernen will, wie sich Hunde verhalten.

Grundlage der Erziehung des Bull Terrier-Welpen ist Konsequenz, gepaart mit einem Grundwissen über hundliches Verhalten und Erziehung. Hier kann ich nur auf gute Bücher verweisen, insbesondere auf das „1 x 1 der Hundeerziehung". In diesem Buch finden Sie eine Anleitung für die Welpenerziehung Schritt für Schritt, ab sieben Wochen. Bereits im Alter von 16 bis 22 Wochen haben Sie dann einen wohlerzogenen Familienhund.

Hier aber noch eine gezielte Anmerkung speziell zur Bull Terrier-Erziehung. Wenn der Welpe zu Ihnen ins Haus kommt, hat er nadelspitze kleine Zähnchen. Aus dem Spiel mit seinen Wurfgeschwistern hat er gelernt, diese auch zu verwenden. Ihr Hund hat aber nicht die geringste Ahnung, wie empfindlich im Vergleich zum Fell seiner Geschwister die menschliche Haut ist. Völlig falsch wäre es, nun im Spiel die eigenen Hände mit einem Lederhandschuh zu schützen, nein, von Anfang an lernt der Welpe, daß seine spitzen Zähne dem Menschen weh tun, er zarter sein muß, insbesondere im Spiel mit Kindern. Im Wurf wehrten sich die Geschwister, wenn es sie schmerzte, und zwar dann recht energisch. Das Gleiche tut der Mensch! Ermahnung: „Ganz zart!" Wenn es nicht nützt, tut es weh - auch dem Hund. Diesen Fall habe ich nur als eines von zahlreichen Beispielen ausgewählt, weil hier tatsächlich häufig Verständi-

gungsprobleme auftreten. Bull Terrier-Welpen sind ziemlich rauhbauzig, man muß von Anfang an liebevoll, aber energisch gegensteuern.

Haltung

Das Erste, woran Sie denken sollten, ist, Ihrem Hund seinen eigenen Platz einzuräumen, auf den er sich zurückziehen kann, einen Schlafplatz, der nahe beim Menschen - und dennoch störungsfrei liegt. Dieses Zuhausesein im eigenen Lager ist gerade beim Junghund entscheidend. Hundekörbe gefallen vielen Hundebesitzern, auch die meisten jungen Hunde haben ihre Freude daran, weil man an Hundekörben so hervorragend die eigenen Zähne ausprobieren kann. Meine Empfehlung - ein Hundekäfig von stabiler Konstruktion, vorne verschließbar, für Reise und Autofahrt zusammenklappbar, fester Boden aus Spanplatte oder Metall, darauf alte Tücher, in denen ein Hund so herrlich wühlen, sein eigenes Lager bauen kann.

Die meisten Hundebesitzer haben ein völlig gestörtes Verhältnis zu einem solchen Käfig, wollen ihren Hund keinesfalls einsperren. Dabei vergessen sie, daß in der freien Natur Hunde Höhlenbewohner waren, Wände ringsum und eine Decke darüber ihnen das Gefühl von Geborgenheit vermitteln. Alle Hunde lieben Höhlen - notfalls auch in Form von Lufttransportkisten, diese bieten aber im Vergleich zum Käfig meist zu wenig Luftzirkulation, und Hunde haben gegenüber uns Menschen einen vielfach größeren Sauerstoffbedarf.

Besonders in den ersten Monaten ist eine solche verschließbare Schlafbox hilfreich; nur in seltenen Fällen verschmutzen Hunde ihren eigenen Schlafplatz; damit wird der Käfig zur vorzüglichen Erziehungshilfe, da er über die ersten Monate bei Bedarf verschlossen werden kann. Grundregel beim Erziehen zur Stubenreinheit: immer direkt nach dem Aufwachen, nach den Mahlzeiten und wenn der Welpe sich unruhig zeigt, wird er nach draußen - immer zum selben Lösungsplatz geführt. Schon nach ein bis zwei Wochen dürfte das Problem ausgestanden sein.

Ein solch verschließbarer Ruheplatz hat noch einen weiteren Vorteil. In ihren ersten Lebensmonaten richten junge Hunde einigen Schaden an, weil sie ihre kleinen Zähne nur zu gerne testen - an Tischbeinen, guten Teppichen, Elektrokabeln - manchmal ist dies nicht nur recht kostspielig, sondern für die Kleinen lebensgefährlich. Hat man tagsüber auf ein oder zwei Stunden wirklich keine Zeit zur Beaufsichtigung des Junghundes, wird eine Schlafpause verordnet - im sicheren Schlafkäfig.

Um Mißverständnissen vorzubeugen, ich habe auch schon Bull Terrier-Halter besucht, die ihren Hund in der Art von „Käfighühnern" hielten - eine schlimme Tierquälerei! Und wieder einmal der Beweis, daß eine recht vernünftige Einrichtung durch menschlichen Unverstand in ihr Gegenteil verkehrt werden kann.

Solange Bull Terrier im Kontakt zum Menschen heranwachsen, ist ihr räumlicher Anspruch bescheiden. Vorbehaltlich ausreichender Bewegung gedeihen diese Hunde auch in der Etagenwohnung vorzüglich, haben es aber natürlich gerne, wenn ihnen auch im eigenen Garten zusätzlich freier Auslauf winkt. Aber Vorsicht! Der Garten muß einwandfrei abgezäunt sein, keine eigenständigen Spaziergänge des Junghundes erlauben. Im Grundsatz aber gehört der Hund ins Haus, nahe zum Menschen - Gartenleben ist eine zusätzliche Bereicherung, solange der Mensch vernünftig ist, Blumen- und Gemüsebeete vor der Neugierde seines Vierbeiners zu schützen, entsprechende Aufteilungen vorzunehmen.

Dabeisein beim Menschen ist alles! Besonders für einen jungen Bull Terrier gilt diese Devise. Wir tun immer gut daran, unsere Vierbeinern über ihr ganzes Leben möglichst viele Eindrücke zu vermitteln, sie täglich Neues erleben zu lassen. Der Familienhund sollte sein Leben gemeinsam mit den Menschen führen können, 4711 - immer dabei! Je bunter und abwechslungsreicher seine Umwelt, desto mehr Lernmöglichkeiten erschließen sich.

Die Forderung auf Dabeisein besagt natürlich nicht, daß ein Bull Terrier grundsätzlich auch mit im Bett schlafen sollte, völlig zurecht wird dies von vernünftigen Hundehaltern erzieherisch unterbunden. Es gibt aber wenige Hunderassen, auf die menschliche Betten und weiche Couchgarnituren eine ebenso magische Anziehungskraft ausüben wie auf Bull Terrier. Bauen Sie trotzdem klare Tabuzonen auf, je früher und konsequenter, umso besser. Der Hund lernt sie - nachhaltig darauf hingewiesen - zu respektieren.

Keinerlei Bedenken habe ich, wenn Sie Ihrem Vierbeiner einen eigenen Sessel zubilligen oder einen Teil der Familiencouch mit einer alten Decke für ihn bereitstellen. Rasch begreift er, daß Sessel oder Couchanteil sein Bereich sind, respektiert, daß die übrige Couchgarnitur für ihn tabu ist. Warum überhaupt einen Sessel? Alle Hunde lieben es, die Welt von oben zu betrachten!

Nehmen Sie Ihren jungen Hund mit, wohin immer es möglich ist. Schon direkt, wenn der notwendige Impfschutz wirksam ist, darf der Bull Terrier mit nach draußen, ins Grüne außerhalb des eigenen Grundstücks und auch durchaus mit in die Stadt mit all ihrem Verkehrslärm. Gewöhnen Sie den Welpen so früh als möglich ans Autofahren, je eher er es lernt, desto geringer ist die Gefahr der Autokrankheit - des Übelseins. Anfangs sollte die Fahrt auf wenige hundert Meter beschränkt sein, Anfahrt in das Freigelände, so daß Autofahren immer durch anschließendes „Gassigehen" belohnt wird. In der Stadt wird der Welpe anfangs streckenweise getragen, kann sich zunächst von oben an all das Getümmel und den Lärm gewöhnen. Vorsicht mit Anleinen - in der Stadt eine zwingende Sicherheitsmaßnahme; gewöhnen Sie Ihren Hund so früh als möglich an Leine und Halsband (Näheres in „1 x 1 der Hundeerziehung").

Zeigt der Welpe vor irgendwelchen neuen Eindrücken Scheu, wird er liebevoll und ohne Zwang damit vertraut gemacht. Geduld ist angezeigt, alles forcieren führt zwangsläufig zu Rückschlägen! Ihr Hund muß ganz genau wissen, daß ihm gemeinsam mit seinem Menschen nichts Böses passieren kann!

Nie dürfen junge Hunde überanstrengt werden; sie ermüden leicht, auch wenn wir dies gar nicht immer selbst merken. Mit Entsetzen beobachte ich drei oder vier Monate alte Welpen, die stundenlang von ihren stolzen Besitzern auf Hundeausstellungen umhergezogen werden.

Überanstrengung kann junge Hunde ernsthaft körperlich schädigen. Immer neue Eindrücke und das instinktive dem Besitzer Nachfolgen überdecken die körperlichen Anstrengung, lassen den jungen Hund selbst seine Übermüdung nicht empfinden. Beim Bewegen junger Hunde ist weniger mehr, keine großen Einzelspaziergänge, dafür fünf oder sechs kleinere Ausflüge. Empfohlen wird bei vier Monate alten Welpen eine maximale Spazierdauer von zwanzig Minuten, mit fünf Monaten dreißig Minuten, dann langsam weiter steigern. Auch beim Spielen von Hunden miteinander werden Sie immer beobachten, daß auch noch so lebhaftes Spiel nach einiger Zeit sehr viel langsamer wird, dann ist es Zeit zum Abbruch! Für ihre Entwicklung brauchen junge Hunde sehr viele Ruhepausen, gesundes Wachstum erfordert ausreichend Schlaf. Dies gilt für kleine Schwerathleten wie den Bull Terrier in ganz besonderem Maße.

Über das ganze erste Lebensjahr empfehlen sich viele tägliche neue Kontakte mit fremden Menschen, Kindern und allen Arten von Haustieren! Bestehen Sie dabei darauf, daß sich Ihr Hund in seiner Freude an Menschen und Tieren, in der Intensität seiner Spiele beherrschen lernt. Auch wenn Fremde oder andere Tiere noch so interessant und verlockend für ihn sind, der Hund muß dabei lernen, daß sein Herrchen (Frauchen) bestimmt, wann solches Spiel sein Ende hat, man wieder gehorsam Herrchen/Frauchen nachfolgt.

Jedem Lebewesen sind Aggressionen wie Furcht angeboren. Im ersten Lebensjahr muß der Hund lernen, beide zu beherrschen. Geduld und Konsequenz, verbunden mit liebevol-

Abb. 22: Immer in engster Tuchfühlung mit dem Menschen.
Foto: Helga Döbrentey.

Foto 23:
Die große Kinderliebe des Bull Terriers muß unbedingt erhalten,
aber erzieherisch überwacht werden.   *Foto: Mehringer.*

lem Einfühlungsvermögen, sind sehr gefragt. Nur Geduld hilft bei Furcht, nie der Zwang, der Hund muß erfahren, daß seine Ängste grundlos sind. Negative Erfahrungen, Druck auf den verängstigten Hund, können auf Dauer sehr vieles verderben! Furchtauslösende Geräusche oder Begegnungen verlieren durch langsame Gewöhnungen ihren Schrecken.

Auftretende Aggressionen müssen gerade beim Bull Terrier besonders sorgfältig durch überlegte Erziehung ausgeschaltet werden. Bereits im Wurf ist es Aufgabe des vernünftigen Züchters, harte Rangordnungskämpfe zu unterbinden, wenn erforderlich auch durch Strafe. Das Gleiche tut die instinktsichere Mutterhündin, die ihre streitenden Welpen durch „Dazwischenfahren" zur Räson bringt. Bull Terrier gehören zu den Hunderassen, die sich für antiautoritäre Erziehungsexperimente am allerwenigsten eignen. Eine kurze Ohrfeige zur rechten Zeit, ein Durchschütteln, wenn der Kleine auszuflippen versucht, gehören zu den sinnvollen Erziehungsmaßnahmen. Völlig verkehrt, ja absolut verboten sind alle jene Spiele, welche Aggressionen, das Nicht-Auslassen von Gegenständen fördern. Ich denke an das Spiel mit einem Stück Sack, mit einem kräftigen Prügel, in die man den Junghund sich verbeißen läßt, ihn ermutigt, die Gegenstände nicht auszulassen. Seilchenziehen dient zweifelsohne zur körperlichen Ertüchtigung, beim Bull Terrier ist aber oberstes Gebot, daß alle derartigen Spiele jederzeit durch das menschliche Kommando abgebrochen werden können, der Hund keinesfalls aus solchen Spielen lernt, daß er immer der Stärkere ist. Der Hund muß ler-

nen, freiwillig seine „Beute" abzugeben. Dies gilt selbstverständlich auch beim Apportieren, beim Spiel mit dem Ball, der immer so groß sein muß, daß der Hund ihn keinesfalls verschlucken kann.

Eine sehr wichtige Anmerkung. Junge Hunde kommen - ähnlich uns Menschen - auch in die „Flegeljahre", meist etwa gleichzeitig mit der Pubertät. Besonders im Alter von etwa zehn Monaten, danach aber nochmals im Alter von zwanzig Monaten proben die Halbstarken den Aufstand. Bei der überwiegenden Mehrzahl der Bull Terrier gibt sich dies innerhalb von zwei bis drei Wochen - Konsequenz und vernünftige weitere Erziehung dämmen den „Aufstand" schnell ein. Es gibt aber immer auch einige, die es genauer wissen wollen. Vorsicht, diese Hunde fangen an, nach den Familienmitgliedern, welche ihrer Meinung nach in der Rangordnung unter ihnen stehen, zu knurren oder gar zu schnappen. Solche Flegeleien dürfen keinesfalls geduldet werden, schreien geradezu nach einer prompten „Backpfeife" als Antwort. Auch etwas zarter besaitete Bull Terrier-Halterinnen sollten sich darüber im klaren sein, daß die Duldung solcher Ungezogenheiten neue Flegeleien auslöst. Wie sagte ich schon - wehret den Anfängen!

An dieser Stelle kann und will ich nicht verschweigen, daß in einigen auf den Ausstellungserfolg einseitig ausgerichteten Zwingern zuweilen „um des Traumkopfes willen" schlechtes - scheues oder aggressives - Wesen der Zuchttiere in Kauf genommen wurde und wird. Bei Nachzuchten aus Familien, hinter denen erbliche Wesensschädigungen liegen, kann diese Pubertätsphase für den Menschen gefährlich verlaufen. Achten Sie beim Welpenkauf unbedingt darauf, daß die Vorfahren Ihres Hundes wirklich ein gutes Wesen haben. Wenn Sie es selbst nicht wissen - fragen Sie Fachleute! Ganz unzweideutig und ohne Beschönigung - eine Reihe von Bull Terriern aus befallenen Familien mußten wegen Aggressivität in diesen Pubertätsphasen eingeschläfert werden. Merke: kein Hund kann so schön sein, daß man seinetwegen die menschliche Gesundheit ernsthaft gefährden dürfte!

Über das ganze erste Lebensjahr des Hundes versuchen vernünftige Bull Terrier-Besitzer mit sehr vielen Schmuse- und Streicheleinheiten, mit vernünftigem Eingehen auf die Lernfähigkeit spielerisch alles Notwendige für ein harmonisches Zusammenleben zu tun. Jeder Tag bringt neue Erlebnisse, macht viel Spaß und Freude. Ein junger Bull Terrier bereichert das menschliche Leben!

Fütterung

Bei vielen Hundehaltern hat sich durch die massive Werbung der Futtermittelindustrie der Eindruck gefestigt, dank des breiten Angebots der Hersteller sei die Fütterungsfrage völlig gelöst. Richtig ist, daß es tatsächlich ein reichhaltiges Angebot erprobter und guter Futtermittel gibt, aber - der Hundehalter muß es auch sinnvoll nutzen.

Häufig wird sogar von Verhaltensforschern die Behauptung aufgestellt, Hunde seien wenig wählerisch bei der Auswahl ihrer Nahrung - für mich eine recht kühne Behauptung! Versuchen Sie es doch einfach einmal - bieten Sie Ihrem Hund ein Stückchen Fleisch, ein Stück Käse, eine Banane, einen Apfel, eine gekochte Kartoffel und ein Stück altes Brot. Die Reaktion dürfte recht unterschiedlich sein! Meine Bull Terrier jedenfalls waren für alle Arten von „Leckerchen" immer sehr ansprechbar. Sieht man sich kritisch eine Gruppe Bull Terrier an, gewinnt man beim Betrachten der meist recht rundlichen Körperformen sicherlich den Eindruck, daß sie wohl fast alle viel Sinn für gute und reichliche Mahlzeiten haben.

Manche Werbung suggeriert, es genüge für die Ernährung der Hunde völlig, einen Futternapf aufzustellen, darin dem Hund in großen Säcken eingekauftes Komplettfutter anzubieten, dieser sei dann vernünftig genug, nehme sich selbst, was er brauche und gedeihe dabei vorzüglich. Andere Werbung wiederum stellt beim Büchsenfutter eine breite Auswahl vor, Rind, Huhn, Herz, Wild, Leber oder Pansengeschmack! Eine Freude, wie umsorgt unsere Hunde von der Industrie werden! Vielleicht bin ich wirklich etwas altmodisch, denn täglich denke ich darüber nach, was ich meinen Vierbeinern anbiete. Natürlich nutze ich dabei die Bequemlichkeit industriell vorgefertigter Futtermittel. Hinzu kommen aber eine Reihe sorgfältig ausgewählter frischer Dinge, mit denen ich versuche, das Futter meiner Hunde abwechslungsreich und schmackhaft zu machen.

Nachstehend einmal mein Futterplan, ausgerichtet auf die richtige Ernährung eines acht Wochen alten Welpen, den wir über Jahrzehnte den Käufern unserer Alemannentrutz-Bull Terrier mitgegeben haben.

Futterplan für Bull Terrier-Welpen im Alter von acht Wochen

8.00 Uhr	Eine Tasse lauwarme, ungekochte Milch, Fettgehalt 3,5%, angereichert mit einem Eßlöffel Welpenvollmilchpulver. Hierin eingeweicht werden etwa eine Handvoll breit ausgewalzter Getreideflocken (Beispiel Marke Matzinger). Beigemengt werden ein Eßlöffel Bienenhonig, ein Eßlöffel Traubenzucker, etwa ein halber Apfel fein gerieben, zweimal wöchentlich ein rohes Ei. In den Brei wird ein Teelöffel Kalkmischung (Beispiel Calcipot) in Pulverform eingerührt.
13.00 Uhr	Eine Tasse Fleisch- oder Knochenbrühe, damit angebrüht eine Handvoll Mixer (Vollnahrung der Futtermittelindustrie, Beispiel PAL-Mixer); unbedingt etwas im Mixer zerkleinertes Gemüse wie Möhren, Blumenkohl, Rosenkohl, Spinat, Erbsen untermengen.
18.00 Uhr	Je nach Appetit des Hundes zwei bis drei große, grobe Hundeknochen, außerdem etwas rohes Obst (Apfel, Birne, Banane, Trauben, Zwetschgen ...).
22.00 Uhr	Etwa 500 Gramm rohes Fleisch, in den ersten Wochen gehackt, später kleingeschnitten. Fleischsorten abwechseln, Kopffleisch, Rinderherz, Pansen, Blättermagen (Schweinefleisch verboten!). Mit dem Fleisch kann nochmals etwas warm angerührter Mixer, etwas feingeriebener Apfel oder Möhre vermengt werden. In das Futter erneut ein Teelöffel Kalkmischung.

Und als allerletztes Betthupferl: einen Eßlöffel reinen Dorschlebertran, vom Löffel ablecken lassen, notfalls mit etwas Zucker süßen - nie in das Futter mengen!

Die meisten industriell hergestellten Futtermischungen enthalten bereits Zugaben an Vitaminen, Mineralien und Kalk. Nur gibt man den heranwachsenden Bull Terriern eine geeignete Vitamin/Mineralienmischung in der vom Hersteller empfohlenen Menge.

Die Mengenangaben in vorstehendem Futterplan sind Durchschnittswerte, können von Hund zu Hund variieren! Grundsatz ist, die Futtermenge muß innerhalb von maximal fünf Minuten gefressen worden sein, Reste werden weggenommen. Keinesfalls darf der Hund bis zur nächsten Mahlzeit sich selbst an den Futterresten oder anderen Futtermitteln „zwischenverpflegen" - sie haben sonst immer einen schlechten Fresser! Lassen Sie es sich keinesfalls von Ihrem dickköpfigen Vierbeiner bieten, wenn dieser sich etwa entschließt, er möge seinen Milchbrei nicht mehr, wolle eigentlich in erster Linie nur noch Fleischmahlzeiten! Die angeführten Futterstoffe sind in ihrer Kombination eine ganz vorzügliche Hundenahrung, vermeiden Einseitigkeit in der Ernährung.

Ergänzungen zur Milchfütterung: Joghurt 3,5% Fettgehalt, Quark. Austauschmöglichkeiten zur Fleischfütterung: Büchsennahrung mit verschiedenen Geschmacksrichtungen. Verwöhnen Sie niemals Ihren Hund, lehren Sie ihn von jung an, exakt das zu fressen, was Sie ihm anbieten. Futterreste werden nur dann wieder verwendet, wenn sie im Kühlschrank in einwandfreiem Zustand gehalten und wieder leicht erwärmt werden können.

Mit fortschreitendem Lebensalter wird die Anzahl der Mahlzeiten reduziert. So zwischen drei und vier Monaten erfolgt die erste Streichung, nämlich die 18.00 Uhr Mahlzeit, dafür kann die Fütterung von 22.00 Uhr auf etwa 19.00 Uhr vorgezogen werden. Ab einem Alter von etwa sieben Monaten reduzieren wir auf zwei Mahlzeiten, morgens Milch/Joghurt/Quark-Nahrung mit den angeführten Zutaten, abends etwa 19.00 Uhr Hauptmahlzeit mit verschiedenen Fleischsorten, Büchsennahrung etc. Kalkzugaben und Mineralstoffmischungen bis etwa zu einem Alter von fünfzehn Monaten beibehalten, ebenso Lebertranfütterung, aber immer nur unter der Voraussetzung, daß keine Vitaminisierung oder Mineralisierung des Futters bereits in der Fabrik erfolgt ist. **Vorsicht! Übervitaminisierung** kann wie **Übermineralisierung** zu ebenso **schweren Schädigungen** führen wie ein Mangel an diesen Stoffen. Achten Sie genau auf die Hinweise der Hersteller!

Für die Stärkung von Gebiß und Backenmuskulatur sind große, starke Knochen ebenso brauchbar wie grobe Hundekuchen. Vorsicht - zuviel Knochen führen zu hartem Stuhlgang, verderben auch den Appetit. Knochen sind nicht in erster Linie Nahrung, sondern mehr als angenehme Beschäftigung des Hundes gedacht. Keinesfalls dürfen Schweineknochen verfüttert werden, auch bei Geflügelknochen - mit Ausnahme sehr junger Tiere - besteht die große Gefahr von Knochensplittern, die Kehlkopf, Magen- und Darmtrakt verletzen könnten. Hervorragend sind die im Handel angebotenen Büffelknochen, Kauknochen, mit denen der Hund viel Beschäftigung hat.

Eine so schnellwüchsige Hunderasse wie der Bull Terrier, dessen Höhenwachstum meist im Alter von acht bis neun Monaten bereits abgeschlossen ist, braucht eine sehr gute Ernährung. Qualität ist wesentlich wichtiger und vernünftiger als Quantität. Bei einem richtig gefütterten Bull Terrier kann man immer noch die einzelnen Rippen jederzeit durchs Fell erkennen, keinesfalls darf man Bull Terrier überfüttern, zu „Hängebauchschweinchen" mästen! Fütterung und Bewegung müssen in ausgeglichenem Verhältnis zueinander stehen!

Futtermäkler werden nicht geboren, sondern erzogen. Gibt es keine Krankheitssymptome, sollten Sie gelegentlich schwächeren Appetit Ihres Hundes negieren, als natürliches Regulativ für vorangegangene reiche Mahlzeit ansehen. Hundebesitzer, die sich aufregen, wenn ihr Hund ihrer Meinung nach zu wenig Nahrung aufnimmt, die besorgt ihrem Hund zureden, mehr zu fressen, erreichen in aller Regel das Gegenteil! Viel besser wäre hier eine recht weitgehende Toleranz! In meiner Praxis sind mir zahlreiche Fälle bekannt geworden, bei denen überbesorgte Bull Terrier-Besitzer ihren Hunden jede Freude an den Mahlzeiten genommen haben. Hier spielt noch immer jene mißverständliche Standardformulierung eine Rolle, wonach der Bull Terrier „ein Maximum an Substanz" haben sollte. Wie schon erwähnt - Substanz ist in allererster Linie anatomische Veranlagung, wird nicht „angefüttert". Leider haben dies zahlreiche Ausstellungsrichter ebensowenig erkannt wie die Hundebesitzer. So konnte es zu jenen recht weit verbreiteten Empfehlungen kommen, doch so etwas vier bis

sechs Wochen vor den Hundeausstellungen „Substanz anzu-
füttern". Ein absoluter Blöd-
sinn!

Bleiben Sie bei der Grundregel
- die Rippen müssen immer noch
klar erkennbar sein, auch
braucht der Bull Terrier Taille,
wie wir dies bei unserer Stan-
dardzeichnung demonstriert haben. Vergessen Sie nie - schlan-
kere Hunde sind gesünder als
dicke! Zugegeben, vielen Bull
Terriern schmeckt es ganz einfach zu gut. Die Futtermittelindustrie bietet heute Diätnahrun-
gen, von denen man in derartigen Fällen durchaus Gebrauch

Abb. 24:
Ringo und Marco beim Wettlauf! Bull Terrier sind - richtig erzogen
- beste Spielkameraden. *Foto: Klaus Bartsch.*

machen sollte. Übergewicht ist schädlich, wirkt nicht nur negativ auf die äußere Form, sondern macht die Hunde auch träge! Maßhalten - dies ist ein Rezept, das gerade in der Fütterung viel zu wenig Beachtung findet.

Auslauf und Spiele

Der Bull Terrier gehört zu den Hunderassen, die sich auch in räumlich bescheidenen Wohnverhältnissen wohlfühlen. Man darf dabei aber nicht verkennen, daß ein Terrier immer ein gewisses Maß an Bewegung seiner Läufe, seiner Muskeln, Anregungen seiner Sinne braucht. In den größeren Zwingern Englands ist es Aufgabe der Kennelmaid, täglich zumindest einmal mit jedem Hund angeleint auf etwa drei Kilometer über Straßen und Felder zu gehen; man nennt dies „road work". Dies gilt so etwa ab einem Alter von einem halben Jahr. Ein solcher Leinenspaziergang mag bei einem im Zwinger gehaltenen Hund unerläßlich sein, er bewegt Läufe und Muskeln.

Ein echter Fortschritt entstand in den letzten Jahren mit der „Flexi-Erlebnisleine" mit Roll-Automatik und Schnellstop-Bremse, mit Leinenlängen von fünf bis acht Meter. Hierdurch gewinnt der Vierbeiner sehr viel mehr Aktionsradius, bleibt aber weiter unter der Kontrolle seines Führers. Viel schöner ist natürlich der Freiauslauf, ein Spaziergang mit immer wechselndem Tempo; hier kann der Hund alle seine Sinne, insbesondere seine Nase gebrauchen, immer Neues erleben.

Dreimal täglich eine halbe Stunde Spaziergang, an Wochenenden auch Wanderungen über zwei bis drei Stunden, dies reicht mit Sicherheit aus, daß sich ein Bull Terrier wohl fühlt, körperlich voll entwickelt. Für die Hunde, die nun einmal durch das Großstadtleben nur wenige Freiflächen zur Verfügung haben, muß sich der Mensch etwas einfallen lassen, den kurzen Freiauslauf, die kleinen Flächen intensiv zu nutzen.

Leider - nicht alle Bull Terrier haben eine ausgeprägte angeborene Apportierleidenschaft. Gerade mit Ballspiel oder Bringübungen kann man Hunde so herrlich beschäftigen! Entwickeln Sie in Ihrem Bull Terrier schon ab frühester Jugend den Bringtrieb, spielen Sie mit ihm Nachjagen hinter geworfenen Gegenständen. Wie man dies macht, erläutert in faszinierender Weise Richard A. Wolters in „Moderne Jagdhundeerziehung" (KYNOS). Apportieren von kleinen Bällen unter der Größe eines Tennisballs ist problematisch, dabei kann der Hund die Bälle zu tief in den Hals bekommen; Steine sind strikt verboten, ruinieren die Zähne! Auch das Nachlaufen hinter geworfenen Stöcken birgt Gefahren - mancher besonders apportierleidenschaftliche Hund hat sich dabei Gaumen oder Rachen verletzt, auch Zahnfleischwunden können auftreten.

Roger Mugford, der englische Verhaltensforscher, hat speziell für Bull Terrier und ähnlich veranlagte Hunde eigenes Spielzeug entwickelt. Da gibt es vor allem den großartigen Boomer Ball, der so groß ist, daß ihn der Hund mit dem Fang keinesfalls voll umfassen kann, sondern ihn mit Kopf und Körper vor sich her dribbelt. Boomer Ball sind absolut „schlucksicher". Sie bestehen aus Hartplastik, einem auch für ein Bull-Terrier-Gebiß praktisch unzerstörbaren Material. Bei den größeren Bällen mit einem Durchmesser von etwa 25 cm kann das Ballinnere mit Sand, Kieseln oder Wasser angefüllt werden, dadurch erhöht man das Gewicht. Mit Kieseln gefüllte Bälle haben einen ganz eigenen Klang. Ich kenne viele Bull Terrier, deren Lieblingsspielzeug ein solcher Boomer Ball ist. Ganz interessant - der Boomer Ball hat sich auch als Therapie-Spielzeug für in Zoos gehaltene Raubtiere bewährt, bietet diesen interessante Spielmöglichkeiten - ein Beweis für die Stabilität des verwandten Materials!

Noch ein weiteres faszinierendes Spielzeug desselben Forschers möchte ich hier vorstellen, den Kong, ein „tanzendes Spielzeug aus Vollgummi". Egal wie der Kong geworfen wird, er springt völlig unberechenbar von einer Ecke zur anderen; diese Unberechenbarkeit resultiert aus der ungewöhnlichen Form. Im Gegensatz zu einem normalen Gummiball schlägt der Kong wilde Haken, die das Fangen zu einem herrlichen Spielvergnügen machen, der Hund läuft hinter einer Art „lebender Beute". Dieses Spielzeug gibt es in roter Fabe, mit besonders starker Sprungkraft, in schwarzer Farbe mit besonderer Stabilität, auch gegenüber einem starken Bull Terrier-Gebiß.

Bull Terrier lieben den Kong! - Achtung - lehren Sie ihren Hund rechtzeitig auf Kommando den Kong wieder auszulassen. Das Spielzeug paßt sehr gut in den Fang des Hundes, läßt sich prächtig mit dem gesamten Gebiß festhalten. Versuchen Sie einmal, einem Bull Terrier, der dieses Spielzeug besonders liebt, den Kong aus dem Fang zu nehmen, wenn er es nicht will. Das kann zu einem langen Nachlaufspiel ausarten, bereitet dem Hund viel Spaß - Ihnen weniger.

Bei Schmuddelwetter kann man natürlich mit dem Kong auch in der Wohnung spielen, herrlich für den Hund, zuweilen gefährlich für die Wohnungseinrichtung! Ich muß zugeben - meine Frau betrachtet solch frohes Kong-Spiel in der Wohnung mit recht wenig Wohlwollen.

Der Bull Terrier braucht Bewegung, immer neue Anregungen für seine Sinne - Beschäftigung für die Zähne. Dies alles bieten Boomer Ball und Kong.

Manchmal schadet ein Blick über die Rassegrenzen gar nichts. Befassen wir uns kurz mit der Jagdhundeausbildung. Bei Retrievern wird das Apportieren mit Dummies, eigens entwickelten Apportierkissen, zur Leidenschaft, zu immer neuem Spiel. Angeboten werden hier sogar Dummy-Launchers, mechanische Instrumente, mit denen man solche Dummies über große Entfernungen schießen kann. Wer sich für diese herrlichen Spielmöglichkeiten interessiert, insbesondere auch lernen möchte, wie man den eigenen Hund apportierleidenschaftlich macht, der lese „Moderne Jagdhundeerziehung" von Richard A. Wolters.

Aber auch in der Gebrauchshundeausbildung finden wir interessante Anregungen, zum Beispiel den Apportierbock, der je nach Hundegröße in verschiedenen Gewichtsklassen angeboten wird. Einige Apportierböcke haben auch Einrichtungen, durch Zusatzgewichte den Bock leichter oder schwerer zu machen. Wenn er es richtig gelernt hat, macht dem Bull Terrier das Spiel mit dem Apportierbock Spaß, gute Ausbilder erreichen im Apportieren auch gute, klassische

Leistungen. Mir geht es hier ganz einfach um die ganze Fülle interessanter Apportiergegenstände, mit deren Hilfe man Bull Terriern sehr viel Bewegung verschaffen kann, wenn man seinem Bull Terrier rechtzeitig Freude am Apportieren vermittelt hat.

Ein anderes herrliches Spiel - das Verstecken! Auch hier sprechen wir wieder alle Sinne unseres Bull Terriers an, Nase, Gehör wie Augen. Wir beginnen auf Spaziergängen im Wald, verstecken uns, wenn der Hund gerade voll mit sich selbst beschäftigt ist, hinter einem Baum oder im Gebüsch. Ein anderes Spiel, ein Partner hält unseren Bully fest, wir legen ihm eine richtige Spur, verschwinden aus seinem Gesichtskreis, zusammen mit dem Partner darf er der Spur folgen. Das Wiedersehen wird zum großartigen Freudenfest, legt die richtige Grundlage für weitere, schwierigere Nachsuchen.

Glauben Sie mir, Spiele bereiten Hund wie Mensch viel Freude! Dies ist so etwas ganz anderes als das Leben viel zu vieler Familienhunde, die zu sehr auf die menschliche Wohnung beschränkt gehalten werden. Spiele dienen immer dazu, den Horizont zu erweitern und - das Zusamengehörigkeitsgefühl von Hund und Mensch zu vertiefen.

In meinen Ausführungen über das richtige Welpenabgabealter habe ich bereits unterstrichen, daß führende Verhaltensforscher im Interesse einer optimalen Prägung des Welpen auf den Menschen diesen Zeitpunkt auf sieben Wochen festlegen. Bei den Junghunden entsteht hierdurch im Erlernen des „guten Benimms von Hund zu Hund" ein echter Nachholbedarf. Wäre der Welpe etwa bis zu einem Al-ter von zwölf Wochen mit Mutter und Geschwistern zusammengeblieben, hätte er die Rangordnung innerhalb des Rudels, Verhalten von Hunden untereinander, nicht zuletzt aber auch die individuelle hundliche Körpersprache, wesentlich besser erlernt.

Bei der Begegnung freilaufender halbwüchsiger und ausgewachsener Hunde kommt es immer wieder zu Mißverständnissen der Hunde untereinander, wenn diesen die Früherfahrungen mit anderen Hunden fehlen. In England verbreitet, in Deutschland leider nur vereinzelt, bieten die Hundevereine ein mehrmals wöchentlich stattfindendes Treffen im **Hundekindergarten** an. Es begegnen sich Jung und Alt, Klein und Groß, die verschiedensten Hunderassen, interessierte Hundemenschen. Hier haben Hunde ausführlich Gelegenheit zum gegenseitigen Kennenlernen und Verstehen. Aufgabe des Menschen ist dabei allein die Überwachung, daß es zu keinen ernsthaften Auseinandersetzungen kommt. Es schadet gar nichts, wenn ein übermütiger, frecher Junghund dabei einmal von einem älteren Hund energisch zurechtgewiesen wird, im Gegenteil, das ist ja gerade der Zweck der Übung! Völlig falsch wäre es, junge oder kleine Hunde vor den großen schützend auf den Arm zu nehmen, sie alle müssen lernen, wie man im Alltagsleben miteinander umgeht. Sie werden sehen, Ihrem Vierbeiner machen die Besuche im Hundekindergarten viel Freude!

Aggressive oder extrem scheue Hunde sind im Hundekindergarten wenig nützliche, zuweilen gefährliche Partner, führen zu extremen Negativerfahrungen, lösen dadurch möglicherweise bei

Abb. 25-27:
Eine der wichtigsten
Erziehungsaufgaben zielt
auf die Verträglichkeit mit
allen Tieren. „Fausto"
verliebte sich dabei in
Höckergänse und sie sich
in ihn.
Die Liebesbezeugungen
reichen bis zum zärtlichen
Umfassen des Gänsehalses
mit dem Hundefang.

Fotos: Verena Höchner.

den Jugendlichen Dauerschäden aus. Dies ist der Grund, weshalb der Hundeverein zur Überwachung dieser Spielgruppen einen erfahrenen Hundefachmann einsetzen muß, dem auch das Recht zugebilligt werden sollte, ungeeignete Teilnehmer aus der Gruppe auszuschließen.

Sozialisierung der Hunde ist eine Erziehungsaufgabe, Gewöhnung unserer Hunde an alle Arten von Haustieren eine zweite, nicht weniger wichtige! Es liegt wohl im längst verschwunden geglaubten Kampfhundeerbe des Bull Terriers, daß diese Rasse gerade größeren Tieren wie Kühen, Pferden, Elefanten gegenüber leicht aggressiv reagieren. Mit meinen eigenen Hunden bin ich häufig in hundefreundlichen Zoos und Kleintiergärten gegangen, um sie auch mit den Zootieren vertraut zu machen. Frühe Gewöhnung an alle Arten von Haus- und Farmtieren ist unerläßlich, das gilt natürlich ebenso für Katzen, Kana-

ries, Papageien, Hühner und Gänse.

Glauben sie mir, mit Geduld und Konsequenz kann man jeden Bull Terrier dazu erziehen, andere Tiere zu respektieren, oft kommt es dabei sogar zu bezaubernden Tierfreundschaften. Betrachten Sie sich die drei Fotos von Fausto und den Höckergänsen. Die Gans verliebte sich so sehr in den Bull Terrier, daß sie für die eigenen männlichen Artgenossen keinerlei positive Gefühle zu entwickeln vermochte. Sie liebte ihren Bully und blieb ihm treu!

Der junge Bull Terrier ist für jeden Hundefreund ein prächtiger Kumpel, bietet gleichzeitig eine hochinteressante erzieherische Aufgabe. Das Schlimmste, was Sie sich selbst und Ihrem Hund antun können ist, ihn verlottern zu lassen. Nutzen Sie das erste Lebensjahr Ihres Hundes, seine große Lernfähigkeit, um ihn voll in die Familie, in unsere menschliche Umwelt zu integrieren.

Kapitel Fünf

DER ERWACHSENE BULL TERRIER

Familienleben
Freizeit
Urlaub
Veteranen

bb. 28: Ein Hundeleben!

Familienleben

Es gibt wenige Hunderassen dieser Größe, die sich - richtige Erziehung vorausgesetzt - so harmonisch in das menschliche Familienleben einpassen wie der Bull Terrier. Allerdings - es bedarf auch menschlicher Gegenleistung. Ich erwähnte schon - eine Vielzahl von Bull Terrier-Liebhabern geraten über ihre Vierbeiner geradezu ins Schwärmen, die Identifikation mit dem Bull Terrier ist bestimmt wesentlich größer als bei anderen Hunderassen. Auf eine kurze Formel gebracht: „Einmal ein Bull Terrier - immer ein Bull Terrier!" Und das ist Tatsache - für die große Mehrheit aller Bull Terrier-Besitzer; diese Hunde haben solche Wertschätzung verdient!

Eine ganz klare Warnung! Bull Terrier sind dickköpfig und haben irre viel Charme. Und diesem Charme, der Clownerie unseres Hundes verfallen wir nur allzu leicht - allzu oft. Mancher Bull Terrier-Halter merkt es gar nicht, wie langsam die Erziehung variiert, sein Hund macht sich Schritt für Schritt daran, seine Besitzer zu erziehen. Für viele - zu viele Bull Terrier - werden Eigenschaften, die bei anderen Rassen als Fehler angesehen werden, verniedlicht, toleriert, umfunktioniert, glorifiziert. Schaut man sich nach einer recht erfolgreichen Erziehung des Bull Terriers im ersten Lebensjahr so einen Dreijährigen an - Respekt, er hat Mittel und Wege gefunden, mit viel Charme und Hartnäckigkeit seinen Dickkopf durchzusetzen. Respekt - Respekt!

Sehen Sie es nicht tragisch, schmunzeln Sie! Ich sagte es wohl schon, kein Hund für sture Gebrauchshundefanatiker und wenig konsequente Menschen. man muß sich bei Bull Terriern einen Sinn für Humor bewahren.

Probleme innerhalb der Familie? Mehrfach wurden wir mit Vorstellungen besorgter werdender Eltern konfrontiert, es könnte wegen des neuen Zweibeiners in der Familie zu Schwierigkeiten kommen. Ob man jetzt wohl doch besser den Hund abgäbe? Ebenso häufig trifft man auf die Idee, in den ersten Lebensjahren der Kinder schließe sich Hundehaltung aus, die Kinder müßten erst einmal vernünftiger werden.

Beide Vorstellungen und Besorgnisse klingen logisch, sind aber bei Bull Terriern ganz einfach falsch. Ich durfte Ihnen ja bereits diese Rasse als echten „Kinderhund" vorstellen und möchte anmerken, daß meine eigenen Kinder und Enkel an den Hunden Laufen gelernt, sich immer als bullterrierfest erwiesen haben - auch im zarten Alter.

Entscheidend ist, daß wegen des zweibeinigen Nachwuchses niemals der Hund ins zweite Glied verbannt wird, seine Stellung als von allen geliebtes und respektiertes Familienmitglied behält. Eberhard Trumler's Ratschlag lautet: Kommt das Baby vom Krankenhaus nach Hause, Baby und Hund sofort einander vorstellen. So etwas ähnliches tun wir ja auch, wenn wir unserem erwachsenen Hund einen Welpen als Zweithund vertraut machen. Optimal ist es, wenn der Bull Terrier beim Wickeln mit dabei sein darf. Empfehlung Eberhard Trumler - den Hund den Popo des Kleines abschnuppern und ablecken lassen - das ist unter Hunden nun einmal so üblich, schafft feste, freundschaftliche Bande. Einmal - zur Begrü-

Abb. 29:
Ein Baby ist angekommen! Richtig eingeführt wird der Bull Terrier zur liebevollen Kinderschwester.   *Foto: H. und M. Krüger.*

Abb. 30:
Auch erwachsene Bull Terrier sind beste Spielkameraden.
                                Foto: Bimmermann.

ßung - das reicht schon. Der Hygiene kann man danach mit Seife und Schwamm noch immer Tribut leisten.

Wird das Baby mit der Flasche gefüttert, erhält Bully als Belohnung für's Zuschauen die Flaschenreste. Schnell kommt es zu einer sehr engen Bindung, viele Hunde bewachen den Kinderwagen, als lägen darin die eigenen Welpen. Nur eine einzige Vorsichtsmaßnahme - Baby und Bull Terrier nicht unbeaufsichtigt beisammen lassen. Manchmal ist die Liebe so groß, daß der Bull Terrier versucht, mit ins Kinderbett oder in den Kinderwagen zu kriechen. Und das hält das beste Baby nicht aus.

Manchmal hat unser Bull Terrier als Kinderhund viel zu leiden. Ohr als Kauring, Schwanz zum daran ziehen, in den Puppenwagen gepackt und umhergefahren werden - es gibt ganz wenige andere Hunderassen, die bereit sind, so viel gerne zu dulden. Der Bull Terrier hat eine hohe Reizschwelle, ist eigentlich nie wehleidig und - er liebt Kinder. Trotzdem - antiautoritäre Kindererziehung und Haltung eines Bull Terrier passen schlecht zueinander. Es gilt nämlich, den Hund vor ungezogenen Kindern zu schützen. Bull Terrier haben Nerven wie Drahtseile! Haben Sie schon einmal beobachtet, was spielende Kinder Tieren zumuten? Auch hier bedarf es zwingend vernünftiger erzieherischer Aufsicht. Kinder und Hunde erziehen sich zwar gegenseitig - aber bitte nicht ganz allein!

Freizeit

Bereits im Kapitel über den jungen Bull Terrier haben wir eingehend besprochen, welches Bewegungsbedürfnis die Rasse hat. Im Abschnitt über Spiele konnten wir Ihnen Tips geben, was Sie gemeinsam mit Ihrem Vierbeiner unternehmen könnten. Erinnern Sie sich - durch das Spiel lernt der Hund!

Da gibt es mit Hunden einen großartigen Freizeitsport - **Agility**. Hier zeigen Hunde gemeinsam mit ihren Besitzern, welch sportliches Leistungsvermögen in ihnen steckt. Überwinden von Hindernissen, Slalomlauf, Kriechen durch Röhren - dies alles im Wettbewerb mit anderen und gegen die Zeituhr! Unserem Bull Terrier machen solche Übungen und Wettbewerbe viel Spaß. Gehen Sie aber keinesfalls mit Zwang an die gestellten Aufgaben heran, entwickeln Sie Ihren Hund für diesen Sport allein aus dem Spiel heraus!

Bitte nicht zu ehrgeizig sein! Es gibt Hunderassen, auf deren seelische und körperliche Eigenschaften diese Wettbewerbe direkt zugeschnitten sind; ich denke an Border Collies oder andere Schäferhunde, in aller Regel werden Teilnehmer dieser Rassen auf die ersten Plätze kommen. Unsere Bull Terrier sind unter der olympischen Devise „Dabeisein ist alles!" mit dabei. Und ich schwöre Ihnen, es macht allen viel Spaß, verbessert laufend die Fitness der Vier- und Zweibeiner.

Für den Bull Terrier gibt es auch noch andere Sportarten, beispielsweise die recht anspruchsvolle, aber hochinteressante Ausbildung zum Fährtenhund. Vielleicht noch reizvoller - Training als Rettungshund! Eine sehr gute Einführung in alle diese Aufgaben finden Sie in dem Buch „Such und Hilf" (Heines/Wegmann, KYNOS VERLAG). Eine solche gezielte Ausbildung Ihres Hundes bietet Ih-

Abb. 31: Das Topmodell!   Foto: Pete Dine.

nen auf Jahre ein ausgefülltes Freizeitprogramm.

Grundsätzlich einen Bull Terrier nie von Dritten ausbilden lassen, nur selbst erziehen! Wenn Sie nicht wissen, wie man das macht, lassen Sie sich selbst schulen, gemeinsam mit Ihrem Hund. Auch das macht viel Freude.

Eine Ausbildung im sogenannten Schutzhundesport wird in den letzten Jahren in der Öffentlichkeit zunehmend kritisch und ablehnend gesehen. Die überwiegende Mehrheit unserer Mitmenschen stellt in Frage, ob es außer Polizei, Militär und Diensthundführern auch Privatleuten erlaubt sein soll, Hunde zum gezielten Angriff auf Menschen abzurichten. Hier ist natürlich nicht der Raum, diese Frage breiter zu diskutieren.

Für unsere Bull Terrier aber so viel: ich halte die Theorie, in der "Mannarbeit" Kampfhunden eine Alternative zu ihren früheren Aufgaben zu schaffen, schlicht und einfach für hirnrissig. Ein Umfunktionieren der früher vorhandenen Kampfeslust gegenüber Tieren auf Menschen ist in hohem Maße verantwortungslos und wird zu Recht von den Parlamenten und Behörden abgelehnt, in einzelnen Ländern auch unter Strafe gestellt. Ja, ich gebe es ganz offen zu, ich weiß sehr genau, was ich hier niederschreibe, denn ich habe über Jahrzehnte selbst aktiv Gebrauchshundesport betrieben, auch mit dem Bull Terrier.

Für eine Ausbildung des Bull Terriers in "Mannarbeit" gibt es aber heute keine vernünftige Begründung mehr, die dabei ausgelösten Risiken sind nicht zu verantworten. Ich begrüße es ausdrücklich, daß die Hundesport betreibenden Vereine heute in aller Regel den Bull Terrier von der Ausbildung zum Schutzhund ausschließen.

Und für die Aufgaben, welche Sie, meine Leser, Ihrem Bull Terrier in der Regel stellen, bedarf es auch keiner Schutzhundeausbildung. In England, dem Mutterland der Rasse, gab es so etwas noch nie, und trotzdem hat der Bull Terrier immer wieder unter Beweis gestellt, daß er Familie und Eigentum zu schützen weiß. In einschlägigen Kreisen hat es sich - weltweit - herumgesprochen, daß man Menschen mit Bull Terriern besser in Frieden läßt. Was wollen Sie mehr?

Urlaub

In unserem heutigen Lebensrhythmus gibt es leider im Alltag immer viel zu wenig Zeit, um all das Schöne zu erleben, das uns das Zusammenleben mit Bull Terriern erschließt. Urlaub - das ist die Zeit des Jahres, in der die ganze Familie Zeit füreinander hat (haben sollte) - und unser Bull Terrier ist gleichberechtigtes Familienmitglied.

Aus dieser Einleitung ersehen Sie bereits, daß ich sehr wenig Verständnis aufbringe, wenn viele Hundebesitzer in der Urlaubszeit ihre Tiere im Tierheim abgeben. Wenn Sie allerdings in ein Land fahren, wo die Mitnahme von Hunden an Quarantänegesetzen scheitert oder wenn Sie Ihren Urlaub als wochenlange Sightseeing-Tour gestalten möchten, muß Ihr Hund wohl doch ins Tierheim. Aber gestatten Sie mir die Frage, warum planen Sie nicht einen familiengerechten Urlaub, in dem auch Ihr Hund seinen Platz hat? Hunde als Familienmitglieder - das bringt eben auch Verantwor-

Abb. 32: Hochweitsprung!   *Foto: G. Barth.*

Abb. 33: Der „Mäuselsprung".   *Foto: Verena Höchner.*

tung. Mir sind bisher noch keine attraktiven Alleinreisen für im Stich gelassene Bull Terrier bekannt geworden.

Wenn dennoch nur das Tierheim bleibt - nur nach wirklich sorgfältiger Planung! Für diese Rasse sind gute Tierheimplätze sehr selten, zu oft fehlt es im Massenurlaubsbetrieb an Zeit und Raum, einen Bull Terrier individuell zu betreuen. Es ist absolut abzulehnen, Bull Terrier in Pensionen gemeinsam mit anderen Hunden unterzubringen - Bull Terrier verlangen Einzelunterbringung und -betreuung. Das Zusammenleben mit ihnen nicht vertrauten Hunden birgt Risiken, die ich keinesfalls eingehen würde. Zusammenfassend: - für den Notfall muß man eine Lösung finden - vielleicht zieht jemand ins Haus, der den Hund kennt und während der Abwesenheit betreut, aber grundsätzlich gehört ein Bull Terrier im Urlaub zu seiner Familie.

Ahnen Sie eigentlich, auf wieviel Freude die Ihnen der Hund gerade in unbeschwerten Urlaubszeiten bietet, Sie verzichten, wenn Sie ihn zu Hause lassen?

Veteranen

Lange Zeit war Langlebigkeit ein Zuchtziel verantwortungsbewußter Bull Terrier-Liebhaber; auf Ausstellungen pflegte man eigene Veteranenklassen, deren Teilnehmer Gesundheit und Altersfrische des Bull Terriers dokumentierten. Leider haben moderne Züchter dieses wichtige Zuchtziel zunehmend aus dem Auge verloren, ist vollendetes Kopfprofil ihnen wichtiger als Gesundheit und Altersfrische.

Trotzdem schätze ich die mitt-

lere Lebenserwartung eines Bull Terriers auf etwa zehn Jahre, für eine Hunderasse dieser Größe und Substanz durchaus ein Normalwert. Lesen Sie in Kapitel VIII über die notwendige Gesundheitsfürsorge, achten Sie beim Kauf Ihres Welpen darauf, daß die Vorfahren in seiner Zuchtlinie alt wurden und körperliche wie geistige Altersfrische aufwiesen.

Ein Hund fürs ganze Leben - das ist wohl der Wunsch jedes Welpenkäufers. Leider klaffen menschliche und hundliche Lebenserwartungen weit auseinander. Aber wir wollen unsere Hunde doch möglichst lange für uns haben!

Die heutige ärztliche Versorgung ermöglicht Zwei- wie Vierbeinern, die Linderung ihrer Altersbeschwerden. Unsere Vierbeiner haben aber einen Vorteil! Wenn das Leben zur Qual wird - keine Chancen mehr bestehen, dann darf ihnen der Mensch helfen, daß sie nicht weiter leiden müssen. Die vom Leiden sanft erlösende Spritze - für unsere Hunde gibt es sie tatsächlich. Wenn es bei unseren eigenen Hunden nicht mehr weiterging, gar keine Hoffnung mehr bestand, dann mußten wir unseren Tierarzt zu uns bitten. Wie schwer ein solcher Anruf fällt, ich weiß es wirklich. Aber unsere Hunde schliefen in der eigenen Wohnung in unseren Armen ein. Wie weit die Medizin fortgeschritten ist, hat meine Frau erfahren. Sie hielt ihren Lieblingshund im Arm, meinte, er habe vom Tierarzt nur einmal eine Schlafspritze erhalten, wartete auf die zweite, das Leben beendende Injektion. Schon drei Minuten war der Hund tot, sie hatte seinen Übergang in den Hundehimmel gar nicht bemerkt - und unser guter alter Cäsar

Abb. 34: „Ein kluger Kopf ...!"   Foto: Arno Santner.

Abb. 35: Schwimmen und Apportieren macht Spaß!

Abb. 36:
Altersfrische! Int. Ch. Abraxax McDayd (Cäsar) im Alter von zwölf Jahren.   Foto: Dr. Fleig.

Abb. 37:
Amanda von der Vogelweide, 15 Jahre alt.   Foto: Lotte Frank.

ebenfalls nicht. Dies erzähle ich Ihnen so ausführlich, damit Sie den Mut haben, wenn es unbedingt sein muß, die schwere Entscheidung zu treffen. Sie helfen Ihrem Hund!

Über „Hundefreunde", die ihr Familienmitglied zum Einschläfern einfach beim Tierarzt abliefern und schnell nach Hause fahren, wollen wir hier nicht viel reden. Fest steht, sie selbst sind nicht einmal den Schatten ihres Bull Terriers wert!

Abb. 38: Bull Terrier Ohr als Kauring.   *Foto: Moschner.*

Kapitel Sechs

ZUCHT

Genetik

Bull Terrier-Zucht - für wen?

Rassespezifische Zuchtprobleme
a) natürliches Paarungsverhalten
b) Aufzuchtprobleme
c) Vereinigung von Bulldog- und Terriertyp

Zucht auf Farben

Züchterische Verantwortung

Abb. 39:
opfstudie Bullyview Flash Dance. Farbige Spitzenhündin,
indawana Trophy 1992.
oto: Dr. Fleig

Genetik

Züchten heißt - in Generationen denken! Jeder, der daran denkt, selbst Hunde zu züchten, sollte sich diesen Satz immer wieder einhämmern. Hundezucht ist kein Zeitvertreib, sollte keinesfalls erfolgen, damit eine Hündin „auch einmal einen Wurf hat", zu ihrer besseren Gesundheit oder Wesensentwicklung (die überhaupt nicht dadurch eintritt) einmal Mutter sein darf. Für die Zucht sollte man nur sehr gute Bull Terrier einsetzen, die, wie ihre Vorfahren und Geschwister, nachweislich über erstklassige Anatomie, Gesundheit und bullterriertypisches Wesen verfügen.

Nur der Phänotyp eines Hundes ist äußerlich zu sehen, er ist das äußere Erscheinungsbild des Tieres, das erste Anhaltspunkte dafür liefert, wie seine Nachkommen sein werden. Der Phänotyp ist von den dominanten Genen bestimmt. Näheres über den Genotyp des Hundes - über **seinen genetischen Schatten** - entschlüsselt die Ahnentafel, wenn man sie zu lesen versteht und sich die Mühe macht, in die sorgfältige Ahnenforschung einzusteigen. Der Genotyp ist nicht nur von den dominanten, sondern auch durch alle rezessiven Gene bestimmt. Er weicht mehr oder weniger stark vom Phänotyp ab - aber allein der Genotyp ist für den Zuchterfolg entscheidend. Allen Züchtern sei hier nachdrücklich die Lektüre von „Hundezüchtung in Theorie und Praxis" der Autoren Professor Dr. Walter Schleger und Dr. Irene Stur (Verlag Jugend und Volk, Wien) empfohlen.

Schon diese kurze Einleitung dokumentiert, daß Hundezucht Verantwortung und fundiertes Wissen fordert. Schauen Sie sich den Züchter beim Welpenkauf nicht zuletzt darauf an, welche Motive er für die konkrete Paarung anzugeben weiß. Eines ist sicher - Weltsieger mal Weltsieger bringen in aller Regel keine neuen Weltsieger, sondern nur zu oft absolute Durchschnittswelpen. Nicht der Phänotyp der Elterntiere entscheidet, sondern ausschließlich deren Genotyp. Gute Züchter kann man daran erkennen, daß sie beim Züchten Rüden wie den eigenen Hündinnen weniger auf schillernde Ausstellungsehren achten als vielmehr auf einen grundsoliden Aufbau eigener Zuchtlinien über viele Generationen. Leider - nach meinen Erfahrungen kennt nur jeder zweite, ja vielleicht sogar nur jeder vierte „Züchter" den Unterschied zwischen Phänotyp und Genotyp. Traurig - aber wahr!

Bull Terrier-Zucht - für wen?

Im Jahre 1987 veröffentlichte ich ein umfassendes Buch „Die Technik der Hundezucht" (KYNOS VERLAG). Dieses Buch forderte von allen Züchtern eine grundsätzliche Neuorientierung und stellte neue Prioritäten auf. **Gesundheit, Intelligenz, Leistungsfähigkeit** und - dann - **Schönheit!** Auf Anhieb wissen Insider, daß sich auch sechs Jahre danach die überwiegende Mehrheit der Hundezüchter unverändert nach dem Kriterium „Schönheitstitel" als nahezu alleinige Priorität orientiert - obwohl sich die maßgebenden nationalen Hundezuchtorganisationen mit dieser Reihung weitgehend identifizieren. Das ist ja der Fluch der so viel gerühmten Hundeausstellungen, sie bestimmen die Zucht! Und auf Ausstellungen lassen sich nun einmal drei der wichtigen Merkmale - Gesundheit, Intelligenz und Leistungsfähigkeit - überhaupt nicht oder nur sehr eingeschränkt beurteilen.

Neunzig Prozent aller Leser dieses Buches, aller Käufer eines Hundes - dessen bin ich ganz sicher - stimmen mit meinen Prioritäten überein. Sie wollen einen gesunden, intelligenten, leistungsfähigen - und schönen Hund. Warum sagen Sie dies aber nicht dem Züchter, und zwar exakt in der richtigen Reihenfolge? Sie, liebe Hundefreunde, Sie allein bestimmen, ob auch in Zukunft kranke, dumme, ausschließlich auf den Ausstellungszirkus ausgerichtete Zuchttiere in der Zucht eingesetzt werden.

Lesen Sie Kapitel VII und Kapitel VIII dieses Buches aufmerksam, schnell stellen Sie fest, daß der Erfolg im Ausstellungsring sicherlich nicht das Wichtigste ist.

Warum sollten Sie sich einen Bull Terrier kaufen, wenn die Zucht einseitig auf Schönheit ausgerichtet ist, was der Gesundheit der Rasse - vorsichtig ausgedrückt - nicht gerade förderlich war.

Wann finden die Züchter endlich heraus, daß es ihre allerwichtigste Aufgabe ist, für Hundefreunde Bull Terrier zu züchten, die auf zwölf bis fünfzehn Jahre zu echten, liebenswerten Familienmitgliedern werden? Und für ein langes, harmonisches Zusammenleben bedarf es hoher Altersfrische, für eine Eingliederung in unsere heutige Umwelt muß ein Hund intelligent und leistungsfähig sein. Bitte mißverstehen Sie meinen Begriff „leistungsfähig" nicht, er bezieht sich immer auf die rasse-

typische Leistung, wie sie der jeweilige Rassestandard fordert. Ein Jagdhund muß jagen, ein Schäferhund hüten können - und ein Bull Terrier? Seine echte Leistung besteht in einer möglichst vollkommenen Anpassung an das menschliche Familienleben.

Zwar habe ich bewußt der „Schönheit" Rang vier auf der Prioritätenliste zugewiesen - sie bleibt aber dennoch wichtiges Zuchtziel! Die Fotos und Zeichnungen in diesem Buch dokumentieren, daß Bull Terrier schöne Hunde sind. Man darf nicht übersehen - viele im Rassestandard verankerten Forderungen beziehen sich auf anatomische Merkmale, die für die Gesundheit unserer Hunde von großer Wichtigkeit sind. Fester geschlossener Körperbau, Muskelkraft, Beweglichkeit, flüssiger Bewegungsablauf. Sie alle sind und bleiben Zuchtziel!

Im Grundsatz geht es ganz einfach darum, daß auf Hundeausstellungen naturbedingt nur die äußeren Merkmale des Hundes, die seelischen aber schwer oder gar nicht beurteilt werden können. Und das hat bei vielen Rassen dazu geführt, daß eine ganze Reihe stumpfsinniger - besser ausgedrückt viel zu einseitig ausgerichteter Zwingerhunde Siegertitel errangen.

Glauben Sie mir, ich habe über die Jahre sehr genau beobachtet, wie völlig wesensschwache oder überaggressive Bull Terrier, die durch ihre Schönheit bestachen, ihre Championatstitel durch geschicktes „Handling" errangen. Über viele Generationen habe ich auch deren verheerenden Einfluß auf das Wesensbild ihrer Kinder, Enkel und Urenkel verfolgt. Ein Verbrechen an der Rasse - wie diese Hunde trotz ihrer seelischen Macken in die Zucht genommen

Abb. 40:
Bull Terrier, weiß. Judy Alemannentrutz.   *Foto: Dr. Fleig.*

Abb. 41:
Bull Terrier, black-brindle, Weltsiegerin 1985 McWilliams Molly
Malone.   *Foto: Baptiste, Holland.*

wurden! Stets sollten sich alle Züchter vor Augen halten - das Wesen, der einmalige Rassecharakter, der „weiße Kavalier" ist es, weshalb Hundefreunde sich einen Bull Terrier kaufen. Spielfreude, Clownerie, Intelligenz, Charme, hohe Reizschwelle, Unbefangenheit gegenüber Menschen und Tieren - sie sind es, die unseren Bull Terrier so liebenswert machen. Warum fällt weltweit den Zuchtvereinen nichts Sinnvolles ein, um die einmaligen geistigen Qualitäten des Bull Terriers zu pflegen und zu wahren?

Unsere Massenmedien diskutieren das Thema „Idealhund 2000" für unser aller Leben. Sie haben es noch gar nicht bemerkt, aber diesen Hund gibt es bereits, er braucht überhaupt nicht neu gezüchtet zu werden! Keine andere Rasse als der Bull Terrier bringt so viele positiven Eigenschaften, fordert aber gleichzeitig den zu ihr passenden Menschen.

Allen Züchtern ins Stammbuch: züchten Sie gesunde, intelligente, familiengerechte - und - schöne Bull Terrier! Gehen Sie nie - ich unterstreiche: nie - Kompromisse ein, wenn es darum geht, wesensfeste, gutartige, menschenfreundliche Bull Terrier zu züchten. Priorität in der Zucht gebührt der Erhaltung und Festigung des einmaligen Wesens unseres Bull Terriers.

Rassespezifische Zuchtprobleme

Es würde den Rahmen dieses Buches sprengen, wenn ich versuchte, hier den gesamten Ablauf der Zucht von der Paarung bis zur Abgabe der Welpen darzustellen. Allen an dieser Frage Interessierten sei mein Buch „Die Technik der Hundezucht", das mehr als 40jährige züchterische Erfahrung spiegelt, empfohlen. Hier muß ich mich auf einige wenige Grundsatzfragen konzentrieren, die speziell für die Bull Terrier-Zucht von großer Bedeutung sind.

a) Natürliches Paarungsverhalten
b) Aufzuchtprobleme
c) Vereinigung von Bulldog- und Terriertyp

Mit dem **natürlichen Paarungsverhalten** steht es bei dieser Rasse nicht zum besten. Jack Mildenhall, international anerkannter Bull Terrier-Experte, unterstreicht in seinem 1992 erschienenen Buch „Bully for me" (KYNOS VERLAG), daß der Großteil der Paarungen dieser Rasse schlichtweg von Menschen ermöglichte Vergewaltigungen seien. Von den Fachleuten wird diese Erscheinung mit der geschichtlichen Herkunft der Rasse begründet, mit grausamen Hundekämpfen im letzten Jahrhundert, bei denen es üblich war, daß Rüden gegen Hündinnen zum Kampf auf Leben und Tod antraten. Die Verhaltensforscher vermuten eine vom Menschen ausgelöste Genveränderung, daß die Zuchtwahl nur nach dem Sieg in der Pit zu einem Genverlust führte, der dem Bull Terrier angeblich normales Sozialverhalten unmöglich mache.

Seit 33 Jahren halte ich Bull Terrier, Rüden wie Hündinnen, über mehr als 25 Jahre besaßen wir ununterbrochen eigene Zuchtrüden. Nach meiner Erfahrung liegt das Grundübel nicht in einem Genverlust, sondern daß viel zu viele Bull Terrier gar nicht erst zu richtigem Sozialverhalten, zum ordentlichen „Benimm von Hund zu Hund" erzogen werden. Zum Aufbau normalen hundlichen Verhaltens brauchen alle Hundewelpen, heranwachsende und erwachsene - eine Fülle von Sozialkontakten, bei denen sie lernen, sich gegenseitig zu respektieren. Zweifellos sind solche Kontakte bei einer ganzen Reihe von Bull Terrier-Freunden deshalb erschwert, weil stetiges Anbinden und das Vermeiden natürlicher Kontakte aus Sorge, es könne einmal zu einer Beißerei kommen, den Hunden die Aufnahme normaler Kontakte erschwert oder gar unmöglich macht. Menschliche Unvernunft, die das Absperren dieser Hunde akzeptierte, ja als rassetypisch ansah, hat einen gewichtigen Anteil an solchen Fehltwicklungen.

Lassen Sie es mich einmal recht grob, dafür aber hoffentlich für jedermann verständlich, formulieren. Wir müssen unseren Bull Terriern jede Chance einräumen, richtiges Sozialverhalten zu ihren Artgenossen zu entwickeln. Jede auftretende Aggressivität gegenüber anderen Hunden muß konsequent erzieherisch unterbunden werden.

Bull Terrier, die in Kontakt mit anderen Hunden aufwachsen, konsequent erzogen werden, sollten sich auch in der Paarung völlig normal verhalten, keinen „Deckbock", keine Zwangspaarung erfordern. Vorausgesetzt es ist der richtige Decktag, sollte eine völlig normale „Liebeshochzeit" stattfinden. Bei meiner langjährigen Haltung von Deckrüden gab es keine Zwangspaarungen, keine Vergewaltigungen! Fanden die „Hochzeiter" nicht friedfertig zueinander, unterblieb die Paarung - und eine solche Haltung sollte von allen Züchtern eingenommen werden.

Warum es Deckprobleme gibt? Weil die Züchter nicht da-rangehen, fehlendes Sozialverhalten und übersteigerte Aggressivität schlichtweg züchterisch auszumerzen. Aber - auch diese Eigenschaften lassen sich auf keiner Hundeausstellung erkennen, entziehen sich der richterlichen Beurteilung. Aber die Rüden- wie Hündinnen-Besitzer kennen sie ganz genau. Wenn trotz schwerwiegender Defekte im Sozialverhalten derartige Hunde in die Zucht kommen, hat dies mit Zucht überhaupt nichts zu tun, sondern nur mit züchterischer Unvernunft und Gelderwerb.

In der Bull Terrier-Zucht gibt es nachweislich **Aufzuchtprobleme**, die ihre Ursache in einem unterentwickelten Pflegetrieb vieler Hündinnen haben. Wiederum verweise ich auf „Bully for me" von Jack Mildenhall. Hier finden Sie geradezu eine Dokumentation, wie so manche Bull Terrier-Hündin versucht, die eigene Nachzucht auszurotten. Mit größter Wahrscheinlichkeit hängt auch dieses Verhalten mit dem alten Kampfhundeerbe zusammen, mit züchterischer Auswahl auf hundliche Aggressivität anstelle auf vernünftiges Sozialverhalten.

Ja, in meiner aktiven Züchterzeit habe ich selbst meine Bull Terrier-Welpen während der ersten zwei Lebenswochen ständig überwacht, Tag und Nacht und dadurch praktisch alle Welpen sicher aufgezogen. Und ich muß bestätigen, daß diese Überwachung bei der Mehrzahl meiner Hündinnen eine absolute Notwendigkeit war. Auch dokumentieren die Eintragungen in den Zuchtvereinen eindeutig, daß fehlende Überwachung bei einer Reihe von Züchtern zu einer durch ungeschickte oder aggressive Bull Terrier-Hündinnen verursachten hohen Sterblichkeitsrate führen. Mangelt Überwachung durch den Menschen töten diese Hündinnen ihre Welpen oder erdrücken sie. Jack Mildenhall, all die vielen Autoren von Bull Terrier-Büchern, die Züchter - haben sie recht, wenn sie nachdrücklich davor warnen, über die ersten Wochen Bull Terrier-Welpen unbeaufsichtigt allein ihren Müttern zu überlassen? Ich glaube, dieses Problem muß man recht kritisch sehen. Völlig zu recht stehen bei den Verhaltensforschern natürliches Pflegeverhalten, gute mütterliche Eigenschaften ganz oben auf der züchterischen Prioritätenliste. Gilt dies wirklich beim Bull Terrier nicht? Darf man diesen Anspruch an Zuchttiere wirklich negieren?

Fest steht, daß es heute eine stattliche Anzahl von Bull Terrier-Hündinnen gibt, die ihre Welpen problemlos gebären, liebevoll aufziehen und richtig erziehen. Natürlich gebe ich es zu, viele dieser Hündinnen sind weniger „schön", haben gegenüber dem Rassestandard körperliche Defizite. Aber hier muß der Züchter zu einer klaren Entscheidung kommen. Was ist wichtiger - natürliches Aufzuchtverhalten, gesunde Mutterinstinkte oder - Schönheit? Solange in der Hundezucht aufgrund fehlender Prämolaren, Fehlfarben gegenüber den Anforderungen des Rassestandards, ja in einigen Standards sogar nach vorgeschriebenen Afterkrallen züchterisch selektiert wird, warum dann nicht nach richtigem Mutterinstinkt?

Für alle, die mit der Zucht ernsthaft beginnen möchten, ein gut gemeinter Rat. Suchen Sie sich eine Hündin, in deren Familie die guten, richtigen Mutterinstinkte im Genotyp verankert sind, Linien, in denen zuverlässi-

ge Mütter dominieren und prägen sie diese als Welpen liebevoll und sorgfältig! Glauben Sie mir, auch Hündinnen, die mit schlechten Muttereigenschaften ausgestattet sind, werden für eine sinnvolle Bull Terrier-Zucht zur schweren Belastung. In Übereinstimmung mit den Verhaltensforschern sollten Sie die richtigen Prioritäten setzen. Kein Zweifel - hier liegt ein langer, steiniger Weg vor Ihnen. Sie sollten ihn trotzdem wählen - er führt zur Gesundheit der Rasse!

Bulldog- und Terriertyp

Hunderassen mit weit auseinander liegenden Ausgangsformen haben es besonders schwer, zu einem einheitlichen äußeren Erscheinungsbild zu finden. Im schriftlich vorliegenden Rassestandard sind die Ausgangsrassen harmonisch miteinander verschmolzen, im züchterischen Alltag regieren aber die Gene - und diese stammen von beiden Ahnen - dem Bulldog wie dem Terrier.

So vor etwa zwanzig bis dreißig Jahren traf man auf unseren Ausstellungen die zwei Ausgangstypen noch recht ausgeprägt an, heute dominiert mehr und mehr der schwere, etwas kurzläufige Bulldogtyp (mit deutlichen Schwächen in der Front, Hinterhand und in den Bändern). Früher gab es züchterische Alternativen. Eine Reihe von Züchtern hatten ihre Linien vorwiegend auf den Terrier ausgerichtet, auf ihre Hunde konnte man zurückgreifen, um notwendige Korrekturen vorzunehmen. Aus mir unverständlichen Gründen treffen wir heute den eleganten, langläufigen, drahtigen Terriertyp kaum noch an. Dies ist eine eindeutige

97

Fehlentwicklung! Gerade bei der letzten Standardänderung im Jahre 1986 wurde der Satz: „Beim ausgewachsenen Hund sollte die Länge der Vorderläufe etwa gleich der Brusttiefe sein" neu aufgenommen. Heute müssen Sie schon mit der Lupe suchen, wenn Sie auf unseren Ausstellungen einen solchen Bull Terrier antreffen möchten oder gar erwarten, daß ihn ein Richter nach vorne stellt. Im Verschwinden des alten Terriertyps sehe ich eine gravierende Fehlentwicklung der letzten Jahrzehnte, der züchterisch unbedingt entgegengesteuert werden muß. Bull Terrier sollten keine Bassets werden!

Übrigens - dieses Thema habe ich schon vor zwanzig Jahren mit Raymond Oppenheimer ausführlich diskutiert, der klar einräumte, daß die Zuchtentwicklung zum schweren, kurzläufigen Bulldogtyp einer Korrektur bedarf. Nur - er selbst vermochte seine Zuchtlinien nicht mehr zu ändern. Es diente der Gesundheit und Ausgewogenheit der Rasse, wenn Züchter und Richter diese dringende Aufgabe bald erkennen würden.

Zucht auf Farben

„Ein guter Hund hat keine schlechte Farbe!" Diese aus der Pferdezucht übernommene Erkenntnis habe ich bereits bei meiner Standarderläuterung unterstrichen. Priorität haben gutes Bull Terrier-Wesen und Anatomie, die Farbe ist eine Frage des persönlichen Geschmacks, der bekanntlich Wandlungen unterliegt.

Nach meiner Erfahrung fragen Erstkäufer meist nach farbigen Bull Terriern, der „weiße Kavalier" ist der Bull Terrier für Kenner und Liebhaber. Es kann aber gar nicht bezweifelt werden, daß die breite Farbenpalette der Rasse maßgeblich dazu beigetragen hat, daß der Bull Terrier in den deutschsprachigen Ländern seine heutige Popularität erreichte.

Unter den Farbigen hat der gestromte Bull Terrier bestimmt die meisten Liebhaber. Es ist wichtig zu wissen, in der Zucht fallen nur dann gestromte Welpen, wenn eines der Elterntiere ein Gen für die gestromte Farbe besitzt. Solche Gene tragen ausschließlich die Farben gestromt und black/brindle, außerdem alle Weißen mit gestromten Abzeichen.

Weiße Bull Terrier sind in der Farbvererbung wie Farbige zu sehen; der Weißfaktor unterdrückt das Auftreten der Farbe bis auf die Kopfabzeichen oder winzige Farbflecken am Körper. Bei reinweißen Bull Terrier läßt sich die unterdrückte Farbe nur durch Testpaarungen herausfinden.

Rang zwei unter den Farbprioritäten nimmt wohl die Farbe rot (red) ein. Darunter versteht man eine leuchtende Rotfarbe. Weniger begehrt ist die Falbfarbe (fawn), ein etwas ausgewaschenes gelb-rot.

Sehr apart wirken die Schwarz-gestromten mit weißen Abzeichen (black/brindle). Genetisch sieht man diese Hunde als gestromte Bull Terrier an, bei denen das Schwarz in weiten Körperbereichen das Gestromte ersetzt hat; wichtig aber ist, alle Farbübergänge zu den weißen Abzeichen sind durch gestromte Farbe markiert. Die Dreifarbigen (tri-colour) sind auf den ersten Blick ähnlich, aber bei ihnen ist der Übergang zwischen schwarz und weiß durch rote

Abb. 42: Bull Terrier gestromt, King von der Sonderburg.
Foto: Markus Grossmann.

Abb. 43:
Bull Terrier rot, Bullyview Flash Dance. *Foto: Dr. Fleig.*

Abb. 44: Watersplash's Eye of the Sun. Züchterstolz!
Foto: Cynthia Lord-Ruddy.

Abb. 45:
Bull Terrier tricolour.   *Foto: Gericke.*

oder falbe Farbe bestimmt. Sie haben kein Gen für gestromte Farbe!

Ein interessantes Erbgesetz in der Rasse bewirkt, daß man aus einer Paarung weiß mal weiß immer nur weiße Welpen erhält, teils natürlich mit Abzeichen, auch wenn alle vier Großeltern farbig waren. Der Weißfaktor unterdrückt die Farbe.

Besonders interessant für die Farbenzucht sind „solid colours", Bull Terrier, deren Fell nahezu 100% farbig ist, die kaum weiße Abzeichen haben. Schon eine kleine, weiße Blesse begründet die Vermutung, daß der Hund nicht „solid" ist. Diese „solid colours" vererben ihre Farbe dominant auf die ganze Nachkommenschaft. Paaren Sie einen Bull Terrier der Farbe „solid brindle" mit einem weißen oder roten Bull Terrier, bekommen Sie lauter gestromte Welpen.

Es gibt noch viele weitere Feinheiten in der Farbzucht, auf die ich aber hier aus Platzmangel nicht weiter eingehen kann.

Züchterische Verantwortung

Hundezucht bedeutet die Übernahme der Verantwortung dafür, daß man die Rasse nicht einfach vermehrt, sondern - wenn irgend möglich - verbessert. Nicht weniger wichtig ist die persönliche Fürsorge für alle selbstgezüchteten Welpen.

Auch bei sorgfältiger Auswahl des richtigen Käufers läßt sich nie völlig ausschließen, daß später einmal ein Hund in Not gerät. Gerne erinnere ich mich eines führenden englischen Züchters, der den Verkauf seiner Welpen ins Ausland damit ablehnte, der Käufer könnte ja beispielsweise mit seiner Familie durch Unfall aus dem Leben scheiden. Dann habe er als Engländer aufgrund der scharfen englischen Quarantänegesetze keine Möglichkeit, seinen Welpen wieder sicher nach Hause zu holen. Eine solche Fürsorge mag übertrieben erscheinen, verdient aber allen Respekt!

Selbstgezüchtete Welpen sollten analog leiblicher Kinder eine Art lebenslänglichen Unterhaltsanspruch ihrem Züchter gegenüber haben. Dies würde viele Massenzuchten auslöschen, Hunden in Not helfen!

Kapitel Sieben

AUSSTELLUNG

Ausstellungen - wozu?
Ringpräsentation
Wertnoten und Titel

Abb. 46: Junior Handling.

Ausstellungen - wozu?

Wir haben es immer schwierig gefunden, alle unsere Welpenkäufer darauf zu verpflichten, zumindest zweimal ihre Hunde auf einer Zuchtschau vorzustellen. Die Antworten lauteten: „Ich will ja mit meinem Hund gar nicht züchten." - „Für den Hund ist das doch nur eine Quälerei, an meinen Wochenenden habe ich etwas Besseres zu tun, das auch dem Hund viel mehr Spaß macht!"

Vielleicht haben einige aufmerksame Leser bemerkt, daß ich betont von einer „Zuchtschau" spreche - und exakt dies ist der Grund, weshalb ich für Hundeausstellungen eintrete. Sind die Voraussetzungen einer Zuchtschau fachlich wie räumlich gegeben, werden die Hunde einem erfahrenen, objektiven Richter in geräumigen, wohlgeordneten Ringen, in einer luftigen Halle oder einem schönen Freigelände präsentiert; unter solchen Voraussetzungen lohnt sich ein Besuch durchaus. Sorgfältig wird der Hund vom Richter auf möglichst weitgehende Übereinstimmung mit dem Rassestandard überprüft. Der Aussteller erhält einen verständlichen, schriftlichen Bericht - so eine Art TÜV-Kontrolle seines Vierbeiners, aus der klar hervorgeht, ob sein Hund für die Zucht wertvoll ist.

Für verantwortungsbewußte Züchter ist es von größter Wichtigkeit, daß alle Nachzuchten vorgestellt werden. Die Zuchtschau ist der Prüfstand, der bestätigt, ob der Züchter mit seiner Zucht die Rasse zu verbessern vermochte, zumindest auf gleichem Qualitätsstandard hielt.

In den vorausgegangenen Kapiteln erwähnte ich bereits; Ausstellungserfolg und Ausstellungsmißerfolg sind die Kriterien, an denen sich die Züchter orientieren. Ohne Zuchtschauen wäre eine auf den Standard ausgerichtete Hundezucht nicht möglich.

Ja, ich gebe zu, etwas blauäugig klingt mein Plädoyer für Hundeausstellungen schon. Natürlich weiß ich, daß diese Veranstaltungen gerade für Ausstellungsfanatiker zur übersteigerten Prestigeangelegenheit werden. Auch gibt es von der in allen Ausschreibungen so hochgelobten Sportlichkeit und Fairness traurige Abweichungen. Warum aber sollte ausgerechnet auf Hundeausstellungen das Menschlich - allzu Menschliche fehlen? Betrachten Sie solche Entgleisungen mit Humor. Schauen Sie sich auf dem Ausstellungsgelände, an den Boxen, am Ringrand um. Nirgends finden Sie so viele Menschen, die Ihr Hobby teilen, die unseren Bull Terrier wirklich lieben. Dank unserer Hunde durften wir über unser ganzes Leben sehr viele neue Freundschaften knüpfen, die sich auf viele Jahre bewähren. Hier auf solchen Zuchtschauen finden Sie nicht nur interessante Hunde, sondern begeisterte Mitstreiter, wenn es um das Wohl unserer Hunde geht.

Lassen Sie sich vom Ausstellungsstreß nicht abschrecken, unterstützen Sie Hundeausstellungen, präsentieren Sie zunächst Ihren Vierbeiner einmal in seinem Leben auf einer Zuchtschau. Wenn es gelänge, wirklich alle im Vorjahr gezüchteten Welpen auf den Zuchtschauen zu präsentieren, bedeutete dies einen riesigen Fortschritt. Wahrhaft interessierte Züchter gewännen dabei ein klares Bild, wie weit sie es in ihrer Zucht gebracht haben, und die anderen - hätten weniger Ausreden für ihr Versagen.

Ringpräsentation

Ob Sie es je schaffen, Ihren Hund auf Ausstellungen richtig vorzuführen? Wie unser Foto zu Beginn dieses Kapitels zeigt, ist es „kinderleicht". Für unsere Junioren werden auf vielen Ausstellungen eigene Vorführwettstreite organisiert. Sehr gut erinnere ich mich, wie stolz meine eigene Tocher war, auf einer englischen Ausstellung mit einer ihr völlig fremden Hündin erfolgreich an einem solchen „Junior Handling" teilzunehmen.

Besuchen Sie zunächst einmal einige Ausstellungen ohne Hund, schauen Sie sich das Ringgeschehen gut an. Dann trainieren Sie zu Hause. Legen Sie Ihrem Bull Terrier zum Vorführen immer eine elegante Ausstellungsleine an, dünnes, aber sehr stabiles Nylonband, das sich je nach Bedarf verengt oder erweitert. Das Allerwichtigste - Ausstellungstraining muß Ihrem Vierbeiner Spaß machen. Anfangs immer nur kurze Übungen, das Ausstellungstraining entsteht aus dem Spiel mit dem Hund.

Ideal wäre es, wenn Ihr Bull Terrier Bälle liebt. Leine in die linke Hand, Ball in die rechte. Der Hund darf sich nicht setzen, muß mit Blick zum Ball aufmerksam und ausgewogen auf allen vier Pfoten stehen. Loben, gut zureden - „Steh!" Steht der Hund schief, einige Schritte gehen, erneut mit dem Ball reizen und wieder aufstellen. Eine Alternative zum Ballspiel bietet bei den meisten Bull Terriern ein leckeres Bröckchen in der Führerhand - sie lieben ja fast alle einen guten Bissen. Ein Stückchen Käse, ein Stückchen gebratene Leber, etwas Trockenfisch - dem Hund darf ruhig das Wasser im Mund zusammenlaufen, umso interessierter zeigt er sich. Aufstellen und präsentieren - anfangs nach einer halben Minute, dann immer etwas später, erhält unser Bully sein Futterbröckchen, die Belohnung für gute Präsentation.

Diese Erziehung darf man zeitlich nie übertreiben, sie wird anfangs auf zwei Minuten beschränkt, später auf bis zu fünf Minuten ausgedehnt. Der Hund muß die Vorführung als fröhliches Spiel empfinden und immer Freude daran haben. Über viel Lob und kleine Futterhäppchen hat man bei 95% aller Bull Terrier nach etwa einer Woche einen Hund, der sich im Stand ausgewogen und freudig präsentiert.

Der Richter muß sich bei der Beurteilung eines Hundes auch die Gebißstellung ansehen, unser Bully muß sich in den Fang greifen und schauen lassen. Hat man von klein auf seinen Hund daran gewöhnt, die Lefzen anheben und sich ins Mäulchen schauen zu lassen, gibt es hier keinerlei Schwierigkeiten. Erneut - bitte nie Zwang, keine Ringkämpfe! Auch der ausgewachsene Hund lernt das „Zähne zeigen" schnell, wenn man es ihn mit Geduld lehrt. Unter viel Lob die Lefzen anheben: „Was hat der Hund für schöne Zähne!" - streicheln, viel Freundlichkeit.

Wenn es beim Besitzer klappt, wird ein Freund gebeten, den Richter zu spielen. Ihm zeigt man das Gebiß des Bullies voller Stolz, er bewundert den gehorsamen Hund gebührend. Keinen Fang aufreißen! Ein guter Richter sieht alles, wenn nur die Lefzen angehoben werden. Nur in wenigen Einzelfällen - Kontrolle der letzten Molaren oder eines schmalen Unterkiefers - muß der Fang ganz geöffnet werden.

Unsere Hunde sind keine Standbilder, es kommt bei der Beurteilung ganz entscheidend auf den Bewegungsablauf an. Das ist der Grund, weshalb der erfahrene Richter die Hunde meist zu Beginn des Richtens am Ringrand im Kreise führen läßt. Dann verlangt er bei der Einzelmusterung, daß der Hund in gerade Linie trabend von ihm weg, danach auf ihn zu geführt wird. Manche Richter haben andere Laufschemata, etwa die Vorführung des Hundes im Dreieck. Für Sie als Vorführer ist nur wichtig, daß sich Ihr Bully mit lose durchhängender Vorführleine freudig trabend an Ihrer Seite bewegt. Ein neues Spiel, das problemlos zu Hause vorbereitet werden kann. Stehenbleiben, langsamwerden, Bocksprünge, Leinenbeißen verboten! Achten Sie darauf, zügig, aber nicht zu schnell zu gehen, loben Sie Ihren Hund, feuern Sie ihn an. Aber nicht zu toll, sonst riskieren Sie eben Bocksprünge und Leinenbeißen - das macht kein schönes Bild.

Besonders wichtig! Durch die Anwesenheit anderer Hunde darf sich Ihr Hund beim Vorführen nicht ablenken lassen - das „Vorführspiel" hat Vorrang! In den Wartezeiten, während die Konkurrenten einzeln gemustert werden, den eigenen Hund ruhig halten. Natürlich darf er nach seinen Nachbarn schauen, keinesfalls aber herumkläffen, „den wilden Mann spielen".

Besuchen Sie einige Ausstellungen, „stehlen" Sie bei „alten Hasen" mit den Augen die richtige Ringpräsentation und üben Sie diese zu Hause. Schnell werden Sie herausfinden, das richtige Vorführen im Ring bereitet

Ihnen wie Ihrem Hund viel Freude.

Wertnoten und Titel

In England geht es auf Hundeausstellungen immer nur um eine Plazierung unter den ersten Vier im Einzelwettbewerb - bei Meldezahlen von zwanzig oder dreißig Hunden in einer Klasse ist dies für viele Aussteller wenig befriedigend. Auf dem Kontinent treten die Hunde in ihrem Alter entsprechenden Einzelklassen an, entscheidend ist das vom Richter vergebene Ausstellungsprädikat. Hierfür beispielhaft die Ausstellungsnoten und welche Anforderungen gemäß den Richtlinien des Verbandes für das Deutsche Hundewesen e.V. (VDH) bei der Vergabe der Prädikate gestellt werden.

Vorzüglich - Der Hund kommt dem Idealstandard nahe. Kleine Unvollkommenheiten können wegen seiner überlegenen Eigenschaften toleriert werden; er besitzt die typischen Merkmale seines Gechlechts, befindet sich in ausgezeichneter Verfassung. Harmonisches, ausgeglichenes Wesen, Klasse, hervorragende Haltung.

Sehr gut - Der Hund besitzt typische Merkmale seiner Rasse; einige verzeihliche, nicht morphologische Fehler können toleriert werden; er besitzt ausgeglichene Proportionen, befindet sich in guter Verfassung und hat Klasse.

Gut - Der Hund besitzt die Hauptmerkmale seiner Rasse, weist Fehler auf, die jedoch nicht verborgen werden. Er ist in guter Verfassung.

Genügend - Der Hund entspricht dem Rassetyp genügend, besitzt aber die allgemein be-

Abb. 47: Perfekte Präsentation an durchhängender Show-Leine. Ch. Abraxas Count on Me.

Abb. 48:
Jasmin von der Sonderburg, eine vielfache Ausstellungssiegerin.

Abb. 49: Ausstellungspräsentation
Aricon One in the Eye, einer der wenigen erstklassigen Terriertypen
unter den Bull Terriern.

Abb. 50:
Eine der besonders liebenswerten Sommerausstellungen - Clubschau
Österreichischer Bull Terrier Club 1983.

kannten Eigenschaften der Rasse nicht. Seine körperliche Verfassung läßt zu wünschen übrig.

Zu diesen recht eindeutigen Bewertungsrichtlinien ist anzumerken, daß sie nach meinen langjährigen Erfahrungen von der Mehrzahl der Richter leider viel zu selten voll ausgeschöpft werden. Hieraus entsteht dann bei vielen Ausstellern die völlig irrige Vorstellung, daß ein mit „sehr gut" bewerteter Hund eigentlich entgegen dem Wortsinn ein schlechter Hund sei. Die V-Inflation, ausgelöst von Richtern, die es allen recht machen wollen, hat zu vielen Mißverständnissen geführt. Hut ab vor den Richtern, die vorstehende Wertskala voll ausschöpfen - vom vorzüglich bis zum genügend.

Es gibt eine ganze Reihe begehrter Siegertitel - Weltsieger, Europasieger, Internationaler Champion, Nationaler Champion, Clubsieger ... Um diese Titel gibt es einen harten Wettbewerb, bringt er doch hohes Prestige und - stolze Welpenpreise und hohe Deckgebühren. Blät-

tern Sie zurück in das Kapitel Zucht, achten Sie auf den Unterschied zwischen Phänotyp und Genotyp unserer Hunde, das hilft Ihnen zu einer objektiven Beurteilung von Siegertiteln.

Etwas ganz Wichtiges! Durch einen ihm mangels starker Konkurrenz zugefallenen Siegertitel wird ein mittelmäßiger Hund nicht besser. Nicht weniger wichtig ist das Wissen, daß es auf vielen Ausstellungen Wettbewerber gibt, die in ihrer Qualität einander sehr nahe kommen. Über die Endplazierung entscheiden dann häufig die Tagesform, gewisse, durchaus akzeptable Präferenzen des Richters - zuweilen auch das berühmte Quentchen Glück.

Nochmals - die Plazierung auf Ausstellungen ändert an der Qualität eines Hundes überhaupt nichts. Ihr Hund ist für Sie - immer der Beste! Dennoch sollten Sie dem Sieger fair gratulieren. Geht einmal etwas schief - tragen Sie es mit Fassung - es gibt andere Ausstellungen mit anderen Richtern - versuchen Sie es ganz einfach nochmals!

Abb. 51: Bull Terrier Welpe, 10 Tage alt.   *Foto: Dr. Fleig.*

Kapitel Acht

GESUNDHEITS-
FÜRSORGE

Richtige Hundehaltung - Grundlage der Gesundheit
Schutzimpfungen
Parasitenbekämpfung
Hauterkrankungen
Lahmheit
Nierenerkrankungen
Taubheit
Klarstellung

Abb. 52:
Freier Auslauf in Wald und Flur ist eine der wichtigsten
Voraussetzungen für natürliche Gesundheitsfürsorge.

Richtige Hundehaltung - Grundlage der Gesundheit

Denken Sie immer daran - gute Haltungsbedingungen sind Grundvoraussetzung, wenn sich unsere Hunde wohlfühlen sollen. Bewegung und Ernährung - bei beiden ist ein Zuviel ebenso schädlich wie ein Zuwenig. Im Hause braucht unser Hund Geborgenheit, feste Zugehörigkeit zu seiner Familie. Ein normales Hundeleben - genügend freien Auslauf, in der Fütterung eher zu wenig als zu viel - das ist schon die halbe Miete, was eine richtige Gesundheitsfürsorge angeht.

Wichtig ist das genaue Beobachten des Hundes, das Wissen um sein Normalverhalten. Verhaltensänderungen können immer Hinweise sein, daß eine Krankheit im Anzug ist. Früherkennen von Krankheiten dank eigener Beobachtungen ermöglicht rechtzeitige Behandlung, führt zu schneller Heilung. Achtung, von Natur aus sind Bull Terrier keineswegs wehleidig, es muß schon einiges zusammenkommen, ehe man ihnen etwas anmerkt. Umso wichtiger ist die sorgfältige Beobachtung, sofortige Prüfung verdächtiger Anzeichen.

Bull Terrier gehören zu den Traumpatienten der Tierärzte; nicht weil sie voller Krankheiten stecken, sondern weil sie für die Behandlung so viel Geduld aufbringen. Eine Tierarzthelferin sagte mir einmal: „Immer wenn ein Bull Terrier in unsere Praxis kommt, geht für uns die Sonne auf!" Zwingende Voraussetzung allerdings - gute Erziehung auf Verträglichkeit mit anderen Tieren und „gutes Benimm" im Wartezimmer. Nur bei ganz wenigen Bull Terriern tritt Furcht vor der Behandlung auf, diese kann in aller Regel durch verständiges Daraufeingehen, durch Freundlichkeit, gutes Zureden schnell überwunden werden.

Schutzimpfungen

Frühzeitige Impfung aller Welpen gegen die gefürchteten „Killerkrankheiten" **Staupe, Hepatitis, Leptospirose und Parvovirose** sind ein absolutes **Muß**, ebenso die vorgeschriebenen jährlichen Wiederholungsimpfungen. Wer noch selbst erlebt hat, wie verheerend sich diese Hundeseuchen auswirkten, wieviele Junghunde starben oder lebenslängliche Schäden erlitten, kann nur immer wieder dringenst empfehlen: **Keine Schlamperei bei Schutzimpfungen!**

Ebenso wichtig ist der Schutz unserer Hunde vor der Tollwut. Erstimpfung etwa im Alter von etwa drei Monaten, jährliche Wiederholungsimpfung danach, sie bietet Hunden wie Menschen die notwendige Sicherheit.

Kommt es trotzdem zu einem Kontakt mit erkrankten Wild- oder Haustieren, braucht der Hund nicht eingeschläfert zu werden, was das Gesetz ohne Impfschutz zwingend fordert.

Lassen Sie bei der ersten Routineuntersuchung von Ihrem Tierarzt einen genauen Impfplan aufstellen, dann können Sie alle Gefahren durch die „Killerseuchen" oder Tollwut vergessen. Ihr Hund - und damit auch Sie - sind geschützt.

Parasitenbekämpfung

Spulwürmer treten bei fast allen Jungtieren auf. Zum Zeitpunkt der Wurfabgabe muß der Welpe entwurmt sein, verlangen Sie dazu vom Züchter eine ausdrückliche Bestätigung. Danach empfehle ich bis zum Alter von sechs Monaten mit zweimonatigem Abstand eine Wiederholungskur, Banmith der Firma Pfizer hat sich gut bewährt. Weitere Wurmkuren danach erfolgen nur bei konkretem Verdacht. Periodisch sollte man zur erhöhten Sicherheit eine Kotpro-

be beim Tierarzt untersuchen lassen.

Bandwürmer treten heute vergleichsweise selten auf, parallel zum geringen Befall unserer Hunde durch Flöhe, die für den Bandwurm Zwischenwirte sind. Abmagern des Hundes, Schlappheit und Müdigkeit sind Symptome für den wahrscheinlichen Bandwurmbefall. Häufig kann man einzelne kürbiskernartige Bandwurmglieder mit dem Kot

Abb. 53:
Urgemütlich! Etwas mehr Auslauf würde bestimmt schlanker machen, aber im Alter von acht Jahren braucht man auch sein gutes Bett!   *Foto: René Jung.*

abgehen sehen. Bei Verdacht bringt man eine Kotprobe zum Tierarzt, erhält dann von ihm das exakt auf die einzelne Wurmart abgestimmte Medikament.

Flöhe sind im Vergleich zu früheren Zeiten selten geworden, lassen sich wirksam durch insektizides Pulver oder Shampoo bekämpfen. Achtung - Flöhe leben nicht nur auf dem Hund, sondern auch im ganzen Umfeld des Hundelagers. Bei Flohbefall immer exakt die Vorschriften der Hersteller der Insektenmittel beachten!

Analoges gilt für die Bekämpfung von **Läusen**, diese halten sich aber nicht in und um das Lager, sondern ausschließlich am Hund auf.

Milben verursachen starken Juckreiz. Herbstmilben, die als kleine, orangefarbene Flecken erkennbar sind, auf Getreidefeldern leicht auf den Hund übergehen, erfordern medizinische Bäder. **Sarcoptesräude** ist eine Milbenerkrankung, die auch auf Menschen übertragen werden kann. Sie bedarf tierärztlicher Behandlung. **Demodexräude** wird von der Demodexmilbe ausgelöst und bedarf gleichfalls sorgfältiger tierärztlicher Behandlung. Demodexmilben findet man praktisch auf jedem Hund, es kommt aber nur bei in ihrer Widerstandkraft geschädigten Hunden zum Ausbruch der Räude. Es gibt auch eine erblich bedingte Immunschwäche gegen die Demodexmilbe, hiervon befallene Hunde sollten unbedingt aus der Zucht ausgeschlossen werden. Verantwortungslose Züchter versuchen, sich vor solchen Konsequenzen zu drücken, haben gerade in der Bull Terrier-Zucht einige Familien aufgebaut, die an einer solchen Immunschwäche leiden.

Zecken sind eine echte Plage für unsere Hunde, werden nur zu leicht in Wald und Flur aufgelesen. Es werden wirksame Zeckenschutzhalsbänder angeboten. Bereits in der Hundehaut festgebissene Zecken werden am einfachsten mit der Hand ausgedreht. Hierzu befeuchtet man zunächst einen Finger mit Spucke, reibt dann in leichten schnellen, kreisförmigen Bewegungen den Zeckenkörper aus; läßt die Zecke los, wird sie auf dem Boden zertreten. In Gebieten mit Zeckenbefall empfiehlt es sich, nach jedem Spaziergang den Hund sorgfältig zu kontrollieren, die noch nicht festgesaugten Zecken abzulesen, zwischen den Fingernägeln zu zerquetschen oder am Boden zu zertreten.

Hauterkrankungen

Die allgemeine Umweltvergiftung hat ganz wesentlich dazu beigetragen, daß Hautkrankheiten heute bei Hunden wie Menschen weit verbreitet sind. Dem Bull Terrier muß eine erhöhte Anfälligkeit zugeschrieben werden, wahrscheinlich eine Folge der weißen Fellfarbe. Hell- und rothaarige Menschen sind übrigens auch erhöht hautempfindlich.

Juckreiz - Pruritus ist die häufigste Erscheinung. Ursächlich hierfür können sein:

a) allergisch-entzündliche Hautveränderung

b) mechanische Hautirritation

c) psychische Faktoren.

Besonders häufig treffen wir beim Bull Terrier auch auf sogenannte Zwischenzehenekzeme.

Nach meinen Erfahrungen und Beobachtungen treten Hauterkrankungen verstärkt beim weißen Bull Terrier auf, leider kann ich aber keinesfalls berichten, daß die Farbigen davon frei seien. Bewußt gebe ich hier keine Behandlungshinweise, weil eine Vielzahl von Ursachen Auslöser der Erkrankung sein können, jede Behandlung speziell ausgerichtet sein muß. Hauterkrankungen sind noch nicht eindeutig abschließend erforscht. Wenn beim eigenen Hund Schwierigkeiten auftreten, sind Sie gut beraten, sich recht sorgfältig nach einem Tierarzt umzusehen, der tatsächlich über viele Erfahrungen mit Hautkrankheiten verfügt. Spezialkenntnisse in diesen Erkrankungen ersparen Ihrem Hund langwierige Behandlungszeiträume. Geradezu allergisch reagiere ich gegen Tierärzte, die ohne genaue, wissenschaftliche Untersuchung Hauterkrankungen kurzerhand mit Cortisonspritzen vorübergehend stillegen.

Lahmheit

Gerade bei stark bemuskelten Hunden wie dem Bull Terrier gibt es eine gewissen Prädisposition für **Zerrungen, Prellungen, Verstauchungen** und auch für **Bänderrisse**. Hier bestehen eindeutige Parallelen zu den Verletzungsgefahren, denen Hochleistungssportler ausgesetzt sind. Von entscheidender Wichtigkeit ist es, den Bewegungsapparat unserer kleinen Schwergewichtler nicht zu früh zu überlasten. Lesen Sie nochmals in Kapitel IV, was ich zu dieser Frage im Einzelnen ausführte.

Kommt es zu Zerrungen oder Stauchungen, helfen Ruhigstellung und Geduld wesentlich mehr als die von Tierärzten viel zu schnell verabreichten Spritzen. Über ein bis zwei Wochen

dürfen lahmende Hunde nicht mehr umhertoben, nicht mit ihren Freunden spielen oder über Tische und Stühle springen! Spaziergang nur angeleint, sorgfältige Überwachung auch zu Hause - das sind die zwingenden Anforderungen für eine schnelle Genesung. Jubilieren Sie nicht zu früh, auch wenn sich nach dem Ruhigstellen schnell eine Besserung zeigt. Zum wirklichen Auskurieren bedarf es Zeit! Also keinesfalls zu früh wieder die Bewegungseinschränkungen lockern. Wenn doch - dauert alles umso länger!

Es gibt recht ernsthafte Erkrankungen des Bewegungsapparates. Erwähnt sei hier in erster Linie die **Patella Luxation**, zu der beim Bull Terrier eine erbliche Disposition vorliegen kann. Dies ist eine Erkrankung des Kniegelenks. Es tritt eine kurzfristige, sich häufig wiederholende Verrenkung der Kniescheibe nach innen auf. Ursache ist ein steilgestellter Gelenkkopf am Hals des Oberschenkelknochens. Hierdurch wird die Achse der Streckermuskeln des Oberschenkels verändert, wodurch die Verrenkungen auftreten. Die Verrenkungen wiederum lösen bei häufiger Wiederholung akute Entzündungen des Kniegelenks aus. Durch rechtzeitige Operation läßt sich das Problem für den befallenen Hund lösen. Aber ich wiederhole: bei der Patella Luxation handelt es sich um eine Erbkrankheit, befallene Hunde sollten aus der Zucht ausgeschlossen werden. Leider wurde dieses Problem in der Bull Terrier-Zucht bisher liebevoll totgeschwiegen!

Stattdessen hatten sich in Deutschland alle dem VDH angeschlossenen Zuchtverbände auf die **HD-Bekämpfung, Hüftgelenkdysplasie,** konzentriert.

Abb. 54: Tierfreundschaft.　　　*Foto: Peter Laschenko.*

Etwa 750 Bull Terrier wurden in Vollnarkose versetzt, auf HD geröntgt. Vom Gesichtspunkt der Wissenschaft läßt sich vielleicht im nachhinein diese für die Hundebesitzer recht kostspielige Aktion rechtfertigen. Seither wissen wir alle, daß HD beim Bull Terrier völlig bedeutungslos ist. Weniger als 3 % der untersuchten Bull Terrier zeigten HD mittel oder HD schwer. Damit gehört die Rasse im Hinblick auf die Hüfte zu den gesündesten aller Hunderassen, gibt es keinen rassegenetischen Sinn, HD-Reihenuntersuchungen weiter fortzusetzen.

Nierenerkrankungen

Die Bull Terrier-Zucht ist mit erblichen Nierenerkrankungen belastet. Es gibt eine Reihe von Zuchtlinien, deren Züchter grob fahrlässig oder gar vorsätzlich diese schwere Belastung negierten, um flüchtigen Ausstellungserfolgen nachzujagen. Die Problematik einer zielgerechten Bekämpfung liegt darin, daß bei Nierenerkrankungen in der Anfangsphase keine äußeren Symptome auftreten, die Krankheit häufig viel zu spät erkannt wird. Es liegen neue wissenschaftliche Untersuchungsmethoden vor, die im Vergleich zum HD-Röntgen nur einen Bruchteil an Kosten verursachen und Nierenerkrankungen im Frühstadium erkennen lassen. Nephropatie ist eindeutig eine Erbkrankheit. Wissenschaftler empfehlen dringend, alle Bull Terrier vor der Zuchtverwendung auf Nierenerkrankungen untersuchen zu lassen, befallene Hunde von der Zucht auszuschließen. Solange die Zuchtvereine diese Forderung großzügig negieren, sind Welpenkäufer gut beraten, beim Kauf Erkundigungen einzuziehen, ob beide Elterntiere - Rüde wie Hündin - auf Nierenerkrankungen untersucht wurden.

Aber auch für den Liebhaberhund, mit dem überhaupt nicht gezüchtet wird, sei hier dringend empfohlen, bei auch nur geringem Verdacht - etwa starkem Durst - eine Urinuntersuchung vornehmen zu lassen. Eine Früherkennung der Nierenerkran-

kung ermöglicht recht wirksame Behandlung, wirkt lebensverlängernd.

Taubheit

In den frühen Jahren der systematischen Weißzucht war beim Bull Terrier die Taubheit eine schwere Erbkrankheit. Zwar sind weiße Bull Terrier keine Albinos - das sei hier ausdrücklich unterstrichen. Aber auch reine Weißzuchten sind mit Genen für Taubheit belastet,

Abb. 55: Ein gutes Gewissen ist ein sanftes Ruhekissen.
Zeichnung: Michael Walker.

Abb. 56: Meine besten Freunde!

denken Sie an Dogo Argentino, Dalmatiner, Harlekin Doggen u.a.

Das Taubheitsproblem wurde beim Bull Terrier mit dem Aufbau der Farbenzucht, durch immer neues Einkreuzen farbiger Blutlinien in die Weißzuchten, weitgehend gelöst. In der Bull Terrier-Zucht liegt heute die Taubheitsquote mit Sicherheit unter 1%. Damit ist der Bull Terrier geradezu ein Paradebeispiel, wie man durch richtige Zuchtwahl Krankheitsprobleme wirksam lösen kann. Aber ich muß natürlich zugeben, die Motive für die Einkreuzung der Farbigen in die reinen Weißzuchten lagen primär bei völlig anderen Kriterien, etwa besseren Knochen, mehr Substanz, schönerer Kopfform. Dennoch - wirklich weitsichtige Züchter erkannten tatsächlich von Anfang an in der Einkreuzung der farbigen Linien eine wirksame Taubheitsbekämpfung.

Klarstellung

Viele Leser, die mein Kapitel über Gesundheitsfürsorge bis hierher gelesen haben, werden sich erschreckt fragen, ob sie sich überhaupt einen Bull Terrier kaufen sollten, wo es doch nachweislich in dieser Rasse so viele Krankheiten gibt. Ob es dann nicht doch besser wäre, sich einer anderen Hunderasse zuzuwenden?

Auf diese Frage eine eindeutige Antwort! In nahezu allen Hunderassen gibt es eine beträchtliche Anzahl rassetypischer Prädispositionen für Krankheiten. Es kann nicht meine Aufgabe sein, diese hier einzeln aufzuzählen. Viele Autoren von Hundebüchern glauben aber leider, sie täten für die Hunderasse selbst, für ihre Züchter und Clubs etwas Gutes, wenn sie diese Krankheiten verschweigen. Für dieses „unter den Teppich kehren" gibt es geradezu abenteuerliche Beispiele!

Ich halte nichts von Gesundbeten, trete für eine schonungslose, offene Sprache ein. Den Teufel, den man kennt, kann man bekämpfen, Schattenboxen bringt nichts! Sicherlich erinnern Sie sich noch meiner züchterischen Prioritätenliste mit **Zuchtziel Nummer eins: Gesundheit!** Von den Züchtern aller Rassen erwarte ich Offenheit, Aufgeschlossenheit, geistige Beweglichkeit, wenn es um die Gesundheit unserer Hunde geht.

Zurück zum Bull Terrier. Eine mittlere Lebenserwartung von zehn Jahren ist ein guter Wert - er könnte aber besser werden. Haut und Niere - zwei sehr wunde Punkte - durch die das Leben von Hund und Mensch stark belastet wird. Hiergegen muß in der Zucht Entscheidendes getan werden!

Trotzdem - trotz der unbestreitbaren gesundheitlichen Probleme - gibt es nur ganz wenige Hunderassen, mit denen wir Menschen alles in allem gesehen so viel Freude haben. Aber - bei der aktiven züchterischen Bekämpfung von Krankheiten müssen wir noch einiges tun - um unserer Hunde willen!

Literaturempfehlungen

Nachstehend aufgeführte Bücher bieten eine wertvolle Ergänzung vorstehenden Buches:

Fachbücher über den Bull Terrier

Dr. Dieter Fleig
GLADIATOREN I
Das meistverkaufte, beliebteste deutschsprachige Bullterrier-Buch. Das erste Buch des Autors, das den liebenswerten Charakter des Bull Terriers voll einfängt.
174 Seiten, DM 38,-

Dr. Dieter Fleig
DAS GROSSE BULL TERRIER BUCH
Eine ausführliche Darstellung der Rasseentwicklung im In- und Ausland bis zum Jahre 1995. Mit diesem Buch schließt der Autor seine Dokumentation aus 35 Jahren Zusammenleben mit dem Bull Terrier ab.
Ca. 250 Bilder, 16 Farbtafeln.
300 Seiten, DM 68,-

Jack Mildenhall
BULLY FOR ME
Eine Liebeserklärung an diese Rasse, eine Fülle an Informationen. Der Autor hat die Rasse weltweit mit geprägt, er gehört zu den führenden englischen Züchtern. Reich bebildert. 160 Seiten Großformat, DM 56,-

Erzählungen über den Bullterrier und nahestehende Rassen

Max Brand
DER WEISSE WOLF
Der Western - Klassiker, für jeden Tierfreund ein Genuß, für jeden Bull-Terrier-Liebhaber ein Muß !
215 Seiten, DM 32,-

Joachim Schrey
PAULA
Treue ohne Furcht und Tadel !
Es gibt Hunde - und Bullterrier.
Dieses Glaubensbekenntnis vieler Bull-Terrier-Liebhaber ist das beherrschende Thema dieser auf Tatsachen beruhenden Erzählung.
111 Seiten, DM 29,80

Richard Harding Davis
THE BAR SINISTER
Die Entstehungsgeschichte des Bullterriers vom Hundekämpfer und Familienhund zum Ausstellungssieger.
126 Seiten, DM 32,-
(Übertragung aus dem Amerikanischen)

Vicki Hearne
BANDIT
Dossier über einen gefährlichen Hund. Witzig, spannend, intellektuell und mit großem persönlichen Einsatz schildert Vicky Hearne den Kampf gegen Vorurteile, Massenhysterie und Starrsinn. Der Autorin geht es um Gerechtigkeit,Verstehen, um die Rechte unserer Hunde."Bandit" ist wahrscheinlich das beste und tapferste Hundebuch unserer Zeit.
320 Seiten, DM 39,80

Nahestehende Rassen

Imelda Angehrn
ENGLISH BULLDOG
Ein Rasseportrait, gesehen mit den Augen der Liebe, begleitet von kritischem Verstand und anatomischer Genauigkeit.
Viele Bilder und Zeichnungen.
356 Seiten, DM 58,-

Dr. Dieter Fleig
**STAFFORDSHIRE
BULL TERRIER**
Eine Schilderung der Rassegeschichte, wie sie wirklich ist.
Der Autor beschreibt das We-
sentliche, was man für das Zusammenleben mit Staffords
wissen muß, den einmaligen
Charakter dieser Rasse.
106 Abbildungen.
178 Seiten, DM 42,-

Danny Gilmour
**STAFFORDSHIRE
BULL TERRIER HEUTE**
An der Spitze der Popularitäts-
skala aller Terrier-Rassen steht
dieser Hund in England. Der
Autor porträtiert diesen idealen,
sich allen Lebenslagen anpas-
senden Familienhund in England und auch weltweit. Viele
Fotos. Neuerscheinung 1996.
160 Seiten, DM 46,-

Jaqueline Fraser
**AMERICAN STAFFORD-
SHIRE TERRIER**
Seit 1964 gehört die Autorin zu
den Pionieren der Rasse in
Zucht, Erziehung, Ausstellung,
Arbeitsleistung. Sie vermittelt
all ihre fundierte Erfahrung
durch dieses Buch. 271 Abb.
148 Seiten, DM 54,-

Richard F. Stratton
**DIE WAHRHEIT
ÜBER DEN AMERICAN
PIT BULL TERRIER**
Keine Hunderasse ist so um-
stritten wie der Pit Bull. Für
ihre Anhänger der beste, men-
schenfreundlichste Hund, den
es gibt. Machen Sie sich ein
eigenes Bild. Seit mehr als 40
Jahren lebt der Autor mit Pit
Bull Terriern. Er schildert die
Rasse, wie sie ist. 321 Farbfo-
tos. 220 Seiten, DM 86,-

Walt Weisse u. a.
MOLOSSER
Kampfmaschine, Karikatur
oder Kamerad ? Die Autoren
stellen sieben große Hunderassen in Wort und Bild vor. Viele Hundefreunde haben durch
dieses Buch den Weg zu den
Molossern gefunden. 168 Abb.
328 Seiten, DM 49,80

Verhaltensforschung

Dr. Roger Mugford
HUNDE AUF DER COUCH
Für jeden Hundehalter, der da-
zulernen möchte, ist dieses
Buch unverzichtbar. Der Autor
erreicht über seine geschilder-
ten Fallstudien Wissenszu-
wachs und profunderes Hun-
deverständnis. 61 Farbfotos.
208 Seiten, DM 46,-

John Fisher u. a.
**VERHALTENSSTÖRUN-
GEN BEI HUND UND
KATZE**
Jahr für Jahr werden bei uns
tausende von Hunden und Katzen eingeschläfert. Eine Ankla-
ge gegen uns Menschen. Ein
Buch für alle, die Tiere lieben,
und eine große Hilfe. Eines der
wichtigsten, hilfreichsten Bücher auf dem Markt. Sie müssen dieses Buch lesen.
168 Seiten, DM 42,-

Myrna M. Milani
DIE UNSICHTBARE LEINE
Das ist das Band, das zwischen
Mensch und Hund geknüpft ist.
Ein Band aus Wissen, Vertrau-
en, Verstehen, Geduld und aus
Liebe. Die Autorin erklärt die
faszinierende Welt der Sinne
unserer Hunde. Denn nur der
Mensch kann lernen, wie ein
Hund denkt - nie umgekehrt.
252 Seiten, DM 39,80

Eberhard Trumler
DER SCHWIERIGE HUND
Lernen Sie mit Eberhard Trumler wie Ihr Hund denkt. Dann haben Sie in Zukunft keinen schwierigen Hund mehr.
46 Meisterfotos.
204 Seiten, DM 34,-

Erziehung und Haltung

Dr. Roger Mugford
HUNDEERZIEHUNG 2000
Der Autor zeigt wissenschaftlich fundiert, für jeden Hundebesitzer verständlich, neue Wege der Hundeerziehung auf. Er befaßt sich eingehend mit Problemfällen und ihrer humanen Lösung. 76 Farbfotos.
200 Seiten, DM 49,80

John Rogerson
HUNDEERZIEHUNG... TIERISCH GUT
Das Aktivieren erwünschter Handlungen führt zum Erfolg. Schritt für Schritt leitet der Autor den Leser durch alle Erziehungsschritte des Familienhundes. Farbig illustriert.
64 Seiten, DM 24,80

Heinz Gail
1 x 1 DER HUNDEERZIEHUNG
Das erfolgreichste Erziehungsbuch des Verlags. Eine Hundeschule auf Basis wissenschaftlicher Erkenntnisse. Wichtige Hinweise zur Korrektur verdorbener Hunde. 74 Fotos.
104 Seiten, DM 24,80

Zucht

Dr. Dieter Fleig
DIE TECHNIK DER HUNDEZUCHT
Seit seinem Erscheinen hat dieses Buch Maßstäbe gesetzt.

Aus über 40 Jahren Erfahrung schildert der Autor detailliert Zuchtwahl, Paarung, Tragezeit, Geburt und Welpen-aufzucht. Es ist „die Pflichtlek-türe" jedes Hundezüchters.
140 Fotos, 16 Farbseiten.
276 Seiten, DM 54,-

Dr. Malcolm B. Willis
GENETIK DER HUNDEZUCHT
Alle reden von Genetik - und fast keiner versteht sie. Alle wissen, daß Hundezucht fundiertes Wissen um die Gesetze der Vererbung verlangt. Der Autor vermittelt dieses Wissen in konzentrierter, klarer Art.
26 Fotos, 30 Tabellen.
208 Seiten, DM 49,80

Eberhard Trumler
EIN HUND WIRD GEBO-REN
Aus der Vielfalt seiner Beobachtungen und Erfahrungen gibt der bekannte Hundeforscher Eberhard Trumler Rat und Anregungen. Mehr als 100 Fotos lassen die Geburt eines Hundes wie in einem Film vor dem Auge des Betrachters ablaufen. Die Fülle dieser Informationen widerlegt althergebrachte Vorstellungen.
176 Seiten, DM 34,-

Beute-Faber
ATLAS DER HUNDEANATOMIE
Ein begeisterndes Novum in der kynologischen Literatur. Dieses Buch wird zur Pflichtlektüre für angehende Züchter, Zuchtrichter und alle, die es noch werden wollen. Das Standardwerk für ernsthafte Kynologen. Mehr als 1000 farbige Illustrationen. Großformat.
176 Seiten, DM 99,80

Anne Rogers Clark
Andrew H. Brace

The **International**
ENCYCLOPEDIA
of **DOGS**

KYNOS GROSSER
HUNDEFÜHRER

Redaktion Dr. Dieter Fleig

In Zusammenarbeit führender Verlage in USA, England und Deutschland erscheint dieses umfassende Werk. Mit herausragenden Profi-Fotos und fachkundigem Text werden alle von FCI, English-, American- und Canadian Kennel Club anerkannten Hunderassen ausführlich vorgestellt.

Ein Traumteam der besten Hundekenner der Welt führt den Leser durch populäre, wie auch nahezu unbekannte, faszinierende Hunderassen. Auch Rassen, die noch nicht anerkannt sind, kynologisch aber Bedeutung haben, wurden mit aufgenommen.

Aber nicht nur äußere Formen und schöne Fotos zeigt dieser Hundeführer, vor allem erfährt der Leser, ob die Rasse in ihrem Charakter, Bewegungbedarf, Pflege und Hatungsanforderungen zu ihm paßt.

496 Seiten Großformat, über 450 Farbfotos, DM 110,-

Wichtige Adressen

Bullterrier - Zuchtvereine im deutschsprachigen Raum

Deutschland
Gesellschaft für Bullterrierfreunde e. V.
1. Vorsitzender Wolfgang Bimmermann
Vorarlbergweg 6
83024 Rosenheim
Telefon 08031 / 83839
Geschäftsführer Manfred Zorn
Friedenstraße 10, 67685 Weilerbach
Telefon 06374 / 993151

Deutscher Club für Bullterrier e. V.
Zeisigweg 17, 56179 Vallendar

Österreich
Österreichischer Bullterrier Club
Präsident Josef Schneider
Reyersdorferstraße 6
A-2242 Prottes
Telefon 02282 / 8969
Geschäftsstelle / Generalsekretär
Camilla Soucek
Abraham-a.-Sta.-Clara-Gasse 13
A-1140 Wien
Telefon 0222 / 9794105

Schweiz
Bullterrier - Klub der Schweiz
Präsident Heinz Müller
Hauptstraße 25
CH-8274 Tägerwilen
Telefon 071 / 6691448
Information Rosemarie Wächter
Grabengasse 12
CH-8274 Bülach
Telefon 01 / 8602695

BULL TERRIER GAZETTE
Chefredaktion : Dr. Dieter Fleig

bringt

Alles über den Bull Terrier

Diese Gazette erscheint 4 x jährlich,
Gesamtumfang ca. 240 Seiten.
Jahresabonnement DM 30,-

KYNOS VERLAG DR. DIETER FLEIG GmbH

SUNBATH

Cynthia Loyd-Rushby